eビジネス新書

週刊東洋経済

コンサル全解明

週刊東洋経済 eビジネス新書 No.384

コンサル全解明

本書は、東洋経済新報社刊『週刊東洋経済』2021年5月15日号より抜粋、加筆修正のうえ制作しています。情報は底本編集当時のものです。（標準読了時間　90分）

コンサル全解明　目次

激化する人材争奪戦

沸騰するコンサル業界

大手通信会社で働くエンジニアの岡田貴弘さん（仮名・38）は、2021年春に転職活動を進めていた。狙っていたのはコンサルティング業界。「まずは試しに」と転職サイトに登録すると、驚いたことに人材紹介会社から月100〜200件ものスカウトメールが舞い込んだ。

転職エージェントに理由を尋ねると、「コンサル会社は最近、異業種から大量に人をかき集めているんですよ」との答え。とくに岡田さんのような大手ITベンダーでの開発経験がある人材にはスカウトが殺到しているという。

聞けば、データサイエンティストなど、需要の高いスキルを持っている人には月500件ほどのメールが届き、年収も、現状より200万〜300万円アップはざら。

「場合によっては倍増するケースもある」（転職エージェント）というから岡田さんは驚いた。

「文字どおり、引く手あまただった」と振り返る岡田さんは、最終的に5社に応募し、うち4社から内定を得ることができたという。

なぜ、コンサル会社がこうもIT人材を求めているのか。その背景には昨今のデジタルトランスフォーメーション（DX）需要の高まりがある。

DXとは何か。経済産業省が2018年にまとめたDX推進ガイドラインによるDXの定義を要約すると、「データとデジタル技術を活用してビジネスモデルだけでなく企業文化や組織まで変革し、安定した収益を確保できる仕組みをつくる」ことだ。となれば単にITの知識や技能を持っているだけではダメで、会社全体を変革できるような視点や知見が必要になってくる。しかし、一般企業にはIT人材さえ乏しいのが現状だ。

そのため、がぜんコンサル会社の存在感が高まっている。というのもコンサル各社は、数年前からIT人材の確保に走り、すでにかなりの人数を抱えて教育を施しているからだ。DXの時代が来ることを見越していたのだ。

企業はこぞってコンサル会社を頼り、今や彼らは〝高級人貸し業〟として、知識と技術を併せ持った人材を企業に提供している。

かつてないほどの需要に沸くコンサル業界だが、あるコンサル会社の首脳は「圧倒的に人が足りない」とこぼす。

それもそのはず。DXは日本の企業全体が取り組まなければならない喫緊の課題で、既存の人員だけでは対応できない。だからこそ、コンサル各社はIT人材の確保に奔走しているのだ。

実際、争奪戦が過熱している。大手だけでも、新卒・中途合わせて年間5000人以上を採用。また、コンサル会社は従来、業界内の経験者を即戦力として採用することが多かったが、ここ数年はコンサル業界における人材の流出入を見ると、異業種からの中途採用が7割を占める。この6年ほどでコンサル業界への転職者数は4倍に激増したほどだ。実数は明らかでないが、数千人規模と考えてよい。

もちろん、業界内での奪い合いも引き続き活発だ。現在よりも高い給料をちらつかせて、引き抜きをかけてくるケースも少なくないといい、結果、コンサル業界全体の年収水準もうなぎ登りだ。

市場規模は1兆円余りに

コンサル業界の勢いは、まだまだ衰える気配がない。別のコンサル会社首脳は「このままのペースで採用を続けても、需要に追いつかない」と期待をのぞかせる。

次図は、調査会社ＩＤＣ Ｊａｐａｎによる国内コンサルサービス市場規模の予測だ。２４年には１兆円（２０年比約３割増）に達する見込みである。

1兆円規模に拡大
―国内コンサルティングサービス市場規模予測―

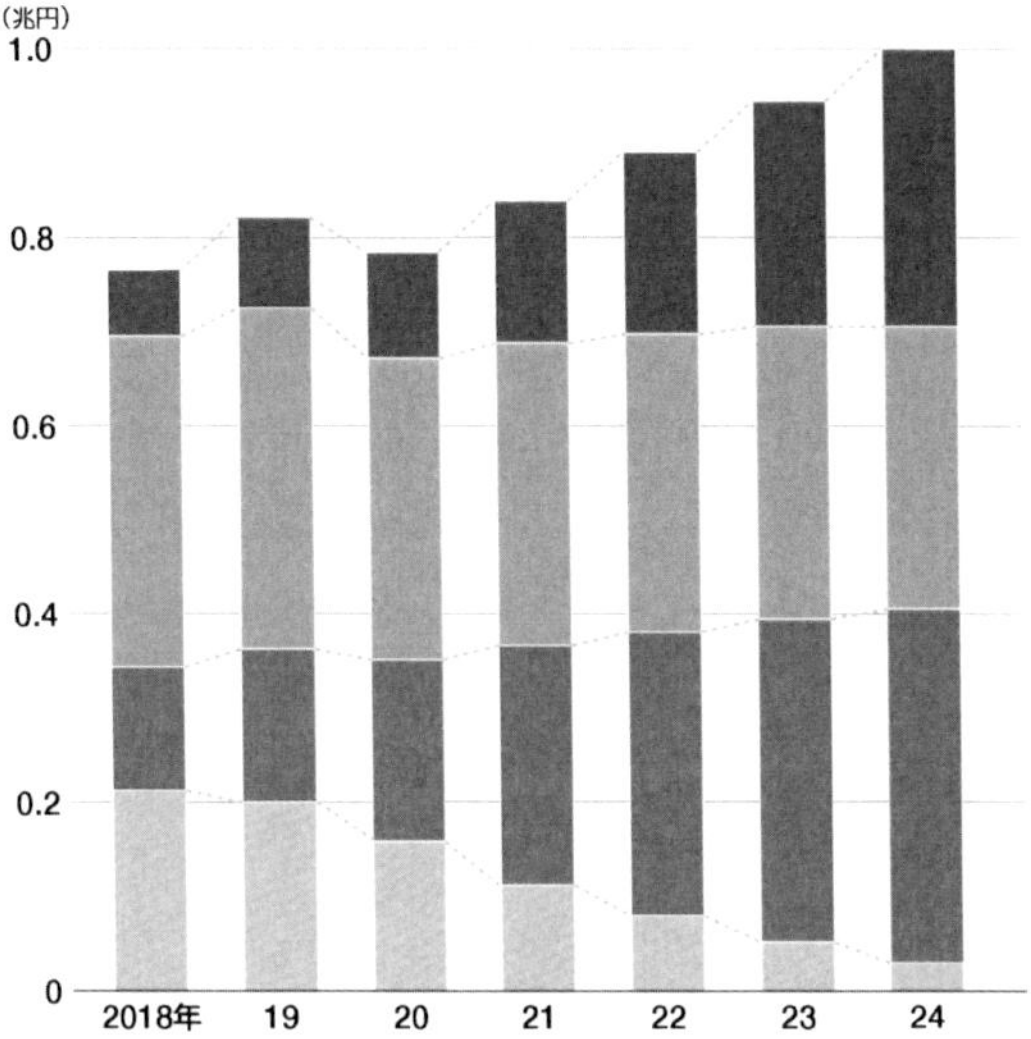

(注)「デジタル関連」は営業やマーケティング、顧客体験デザイン、業務改善、新事業創出などにおけるデジタル活用やアプリケーション開発、サイバーセキュリティーの強化などを指す
(出所)IDC Japan

■ デジタル関連ビジネスコンサルティング
■ デジタル関連以外のビジネスコンサルティング
■ デジタル関連ITコンサルティング
■ デジタル関連以外のITコンサルティング

牽引役となっているのはやはり、DXに絡むデジタル関連のコンサルだ。現在大宗を占めているデジタル関連以外のビジネス・ITコンサルの分野は、縮小する見通し。コンサル会社の主戦場もデジタル関連に移っていくことは明らかだ。

市場規模拡大の背景について、IDC Japanの植村卓弥・ITサービスグループマネジャーは、「かつてのような部門ごとではなく、業務改革や営業チャネルの改革、新たなデジタルサービスの開発など、全社的なデジタル変革の案件が増えたことが大きい」と説明する。つまり1案件の規模も大きく膨らんできているわけだ。

2020年はコロナ禍で4～6月ごろにプロジェクトが止まり、市場はやや縮小したが、7月以降は急速に回復。それどころか、サプライチェーンの見直しやリモートワークへの対応といった新たな課題が浮き彫りになったことで、クライアントのDXに対する意識がさらに高まった。

その結果、「21年夏に発表した25年までの予測は伸び率が一層高くなりそう」（植村氏）で、1兆円どころか1兆2000億円程度まで拡大するものとみられている。

ただ、この予測が的中するかどうかは、コンサル会社が人材を集められるか否かに懸かっている。人が増えなければ、需要をすべて取り込むことはできないからだ。

そのため、「AI（人工知能）やソフトウェアによる自動化・効率化で1人当たりの生産性を上げる」（同）といった取り組みを進めている。それほどまでにコンサル市場は〝沸騰〟しているのだ。

就活生の人気も上昇

こうした市場の盛り上がりは、就職活動をする学生たちの価値観をも変化させている。

2年前に就活を経験した早稲田大学の卒業生は「ほとんどの就活生がコンサル会社の説明会や選考に参加している」と明かす。

コンサル会社に入れば、「仕事でいろんな会社を見られる。若い頃からバリバリ働いてスキルアップすれば、事業会社への転職にも有利に働き、潰しが利くと考える人が多い」（同）からだ。

かつてのコンサル会社といえば、エリートの中でも選び抜かれた人だけが入れる狭き門だった。しかし、近年は「採用人数も多く、滑り止め感覚で受ける人もいる」という。実際、この卒業生も大学3年生の時点ですでに「コンサル会社から内定をもらっていた」そうだ。

就職人気ランキングでも、コンサル会社は上位にランクインするようになった。次表は、東京大学と、早稲田・慶応大学の学生に人気の企業をランキングしたもの。これを見れば明らかなとおり、コンサル会社が上位にずらりと顔をそろえている。

東大・早慶で人気上位に

—2022年卒・大学別就職注目企業ランキング—

東京大学

順位	企業
1	野村総合研究所
2	アクセンチュア
3	ソニー
4	三菱商事
5	野村証券
6	三井不動産
7	NTTデータ
8	PwCコンサルティング
9	三菱地所
10	日立製作所
11	日本IBM
⋮	
14	マッキンゼー・アンド・カンパニー
〃	デロイト トーマツ コンサルティング

早稲田大学・慶応大学

順位	企業
1	アクセンチュア
2	野村総合研究所
3	NTTデータ
4	ソニー
5	三菱商事
6	東京海上日動火災保険
7	三井住友銀行
8	三井不動産
9	電通
10	三菱UFJ銀行
⋮	
15	PwCコンサルティング
⋮	
17	アビームコンサルティング
18	日本IBM
19	デロイト トーマツ コンサルティング

(注) OpenWorkに登録する2022年卒の東京大学(2656人)、早稲田大学(5272人)、慶応大学(4453人)の学生が検索した企業を集計

(出所) OpenWork「22卒就活生が選ぶ、就職注目企業ランキング【大学別編】」

これまで就職人気ランキングの上位といえば、商社や銀行、航空会社といった業種が常連だった。それが今や、コンサル会社が取って代わるほど存在感を増しているのだ。

これは、コンサル会社から学生に対する熱烈なアプローチの賜物ともいえる。例えば、人気ランキングで1位、2位になったアクセンチュアは年間を通じて採用活動を実施している。しかも、「9つの職種で別々に採用活動を行っている」（人事担当者）というから驚きだ。「ほかの企業の選考やインターンがない時期にも募集があるので、応募しやすい」（社会人4年目の男性）と好評だ。

しかし、すべての就活生がコンサル会社に魅力を感じて受けているかといえば、そうでもなさそう。「募集人数や回数が多いので取りあえず受けてみた」「年収が高いので受けてみた」という理由も少なくないからだ。コンサル会社が「実際何をしているのかはわからない」（就活生）ことが大きい。

確かに、コンサル会社の仕事は日常生活では見えづらく、その実態はベールに包まれている。依頼を検討しているが、使い方がわからないという経営者もいるだろう。そこで本誌では、近年のコンサル業界の動向やビジネスモデルを徹底解説、コンサル会社と付き合ううえでのノウハウを紹介する。

（中川雅博、藤原宏成）

「ヤクザなやつら」が劇的に変化

30年で市民権得たコンサル

「私がこの世界に入った30年ほど前、コンサルティング会社なんて日本ではほとんど知られていなかった。知っていたとしても、何だか怪しげな人たち、ヤクザなやつらだと思われていた」

こう語るのは戦略コンサルのローランド・ベルガー日本法人会長を経て、現在はフリーのコンサルタントとして活躍する遠藤功氏だ。

遠藤氏がボストンコンサルティンググループ（BCG）に入った1988年、知人に「BCGに入社する」と伝えると、「注射の会社か？」と聞かれていたという。マッキンゼーも「ペンキ会社」などと呼ばれていた時代だ。

それくらいコンサル会社の知名度は低く、評判も悪かった。「米国の先進的な経営理論を横文字で振りかざして日本の経営者をけむに巻く、英語かぶれの連中だとみられていた」（遠藤氏）のだ。

だが、1990年代後半に差しかかったころ変化が訪れる。きっかけになったのは米マサチューセッツ工科大学教授と著名コンサルが共著で出版した書籍『リエンジニアリング革命』（93年）だ。その主旨は、縦割り組織の弊害や生産性の停滞を解決するためには業務フローを効率化し、ビジネスプロセスを最適化していくことが望ましいというもの。

BPR（ビジネス・プロセス・リエンジニアリング）と呼ばれるこの考え方は瞬く間に世界に広がる。平成バブル崩壊後に経済が低迷していた日本でも「米国企業はBPRで生産性を向上させているらしい」という話が経営者の間で飛び交うようになった。

BPRに不可欠なのがITだった。日本の大企業はこぞってITを導入し、BPR推進に舵を切った。その際に頼ったのがコンサル会社だった。当時の日本企業には、IT導入の知見やノウハウがなかったからだ。

当時、ＢＣＧからアクセンチュアに移籍していた遠藤氏は「ＢＰＲブームのときは、仕事が引きも切らなかった」と述懐する。システムコンサルティングを得意とするアクセンチュアやＩＢＭは、このＢＰＲブームで一気に勢力を拡大した。

コンサル会社は、「外部の力」が必要とされる時代に台頭する。歴史をさかのぼれば、マッキンゼーをはじめとする戦略コンサルが相次いで創業した１９２０年代は、米国で巨大企業が誕生し始めたころだった。

石油市場を独占したロックフェラーや、「鉄鋼王」と呼ばれたアンドリュー・カーネギーといった実業家が大企業をマネジメントするようになり、経営の複雑性や難易度が格段に上がった時期である。巨大な企業をマネジメントしていくのに必要とされたのが、戦略コンサルという「外部の力」だった。

そして、日本に再び「外部の力」が求められる時代が来ている。ＤＸ（デジタルトランスフォーメーション）ブームだ。

コロナとＤＸブーム

数年前から必要性が叫ばれているＤＸだが、当初は「実行すれば事業効率が上がる」といった程度の受け止められ方だった。

しかし、今は違う。コロナ禍によりＩＴ・デジタル化はあらゆる業種、領域で不可欠なものとなり、ＤＸは「実行しなければ生き残れないもの」となっている。

ＤＸブームで空前の活況を呈しているのがほかならぬコンサル業界だ。遠藤氏は「このブームは、２０年前のＢＰＲブームを彷彿とさせるほど大きい」と語る。

事実、大手コンサルの幹部からは「仕事は努力しなくても次々に入ってくる。当面営業には力を入れなくていい」「１００人はコンサルが必要な大型案件が入札にかけられたが、どこの会社もコンサル不足で対応できず、不調に終わった」といった声が漏れ伝わってくる。まさにバブルの様相を呈している。

かつて「怪しげな人たち」「ヤクザなやつら」とみられていたコンサルは、この３０年で劇的に変わり、今やなくてはならない存在になったといえそうだ。

（野中大樹）

コンサルは「人」と「期間」で賢く稼ぐ

「どうしてこんなに高くつくのか、意味がわからない。もしかしてごまかされてるんじゃないだろうか……」

ある大手企業の幹部は、コンサルティング会社からの提案資料を見て頭を抱えた。提案の内容は、これまでのシステムを刷新、時代にマッチした新しいシステムを導入するというもの。パワーポイントで美しくまとめられた資料には、導入費用として約5億円かかると記されていた。

この企業はもともと、このコンサル会社に事業戦略の策定を依頼していた。3カ月を経て戦略が提示され、その実現には新しいシステムが必要という結論に至り、今回の提案を受けたわけだ。

戦略策定の3カ月間にかかった費用は約3000万円。それと比較しても、今回の提案ははるかに高かった。担当のコンサルタントに「どうしてこんなに金額が変わるのか？」と尋ねると、「業務量が大きく異なり、人手が多くかかるから」だと言う。

確かに、システムに関する知識などまったくなく、実際にシステムにいくらかかって、導入にどれくらいの費用がかかるのか想像もつかない。だが、自社には人材がいないため、コンサルを使わないで実現するのは不可能だ。結局、提示された金額で導入を進めてもらうほかなかった。

デジタル化のニーズが高まる中で、コンサルを活用する企業が増えている。だがこの幹部のように、コンサルがどんな業務をしているのか、支払う報酬がいくらになるのか、という点についてはよくわからないという人も多いだろう。そこで、ここからはコンサル業界の「儲けのからくり」をご紹介する。

総合系の重要性が増す

報酬について話をする前に、まずは彼らのビジネスモデルを理解しよう。彼らの業務は平たくいえば、「クライアントの経営課題を解決すること」だ。

一般的なコンサルの提案へ至る流れはこうだ。スタートは仕事の依頼だ。経営課題を解決したいと考えたクライアントから依頼する場合もあれば、コンサル会社からアプローチする場合もある。

よりよい提案や条件を引き出すためにコンペが開催されることも多く、コンサル各社は提案の質や金額にしのぎを削る。コンペを勝ち抜き正式に受注が決まると、実際にプロジェクトチームを組んで案件に着手する。

案件の内容に応じて予算やメンバーを決定し、クライアント側の担当者にヒアリングをしたり、市場調査をしたりしながら仮説を立て、それを検証するという作業を繰り返しつつ最終的な解決プランを策定していく。

だが最近は、解決策を提案しておしまい、ではない。提案した解決方法を実行するところまで面倒を見る、「実行支援」も行うケースが増えている。

コンサル業界では、解決する課題に応じて業務の領域が分かれている。ビジネスの流れを川の流れに例えて、「上流」「下流」と表現するのが一般的だ。この領域に応じて、コンサル各社のすみ分けもできている。

まず最上流に位置するのが、会社全体の方針や戦略に関わるコンサルだ。中期経営計画の策定や収益改善のための新規ビジネスの創出、M&Aの提案などがここに当たる。提案するカウンターパートは、社長や役員といったクライアントの経営層だ。

この分野を専門にしているのが、「戦略系」といわれるコンサル会社。マッキンゼー・アンド・カンパニーやボストン コンサルティング グループなどのエリート集団が代表例だ。

上流で考えた戦略の実現に向け、より具体的なレベルに落とし込んだ提案をしていくのが中流だ。例えば上流で、「海外進出が必要」との戦略が決まれば、世界的なサプライチェーンの構築をはじめ、人員の配置やシステムの仕様・設計など具体策を提案する。

部署レベルでの案件が多くなるため、対峙する相手もクライアントの部長クラスがほとんど。戦略コンサルと区別するため「経営コンサル」と表現されることもある。

中流で考えたシステムを実際に開発し、導入や運用の支援、保守・管理を行うのが下流だ。実行支援などはまさにこの分野の業務だ。クライアントのIT担当者と議論しながら業務を進めていく。

「上流」から「下流」までを手がける
—コンサルの主な業務—

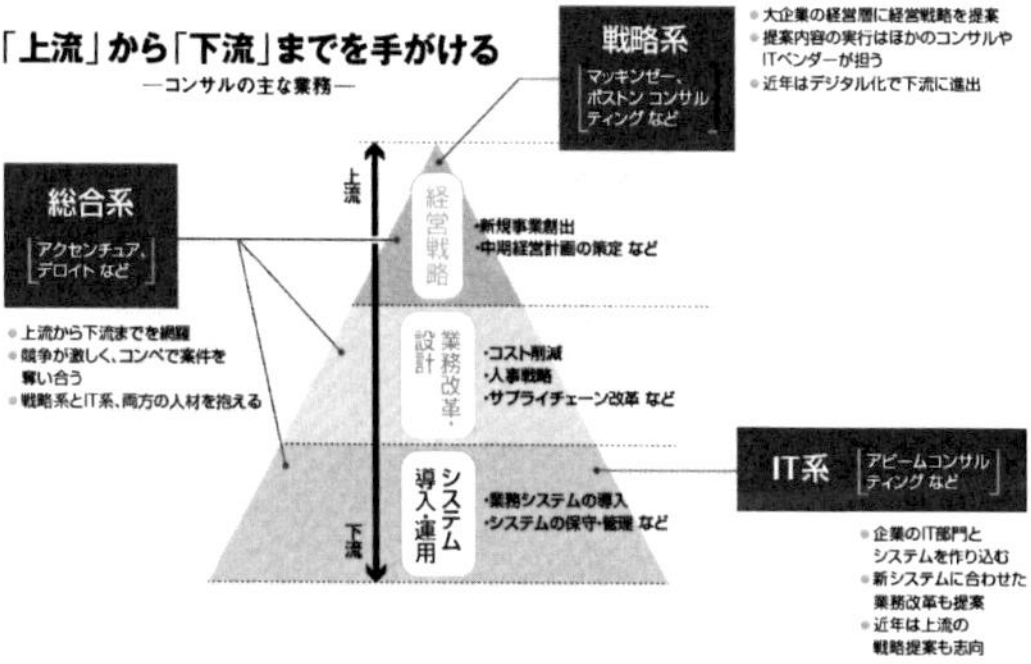
戦略系
マッキンゼー、ボストン コンサルティング など
大企業の経営層に経営戦略を提案
提案内容の実行はほかのコンサルやITベンダーが担う
近年はデジタル化で下流に進出
総合系
アクセンチュア、デロイト など
上流から下流までを網羅
競争が激しく、コンペで案件を奪い合う
戦略系とIT系、両方の人材を抱える
上流
下流
経営戦略
・新規事業創出
・中期経営計画の策定 など
業務改革・設計
・コスト削減
・人事戦略
・サプライチェーン改革 など
システム導入・運用
・業務システムの導入
・システムの保守・管理 など
IT系
アビームコンサルティング など
企業のIT部門とシステムを作り込む
新システムに合わせた業務改革も提案
近年は上流の戦略提案も志向

（出所）取材を基に東洋経済作成

アビームコンサルティングなどは上流の機能も持っているが、この分野に強いことで知られる。ITベンダーなども下流のプレーヤーといえる。

こうした上流から下流までの業務すべてを機能として持っているのが、「総合系」と呼ばれるコンサル会社だ。アクセンチュアや監査法人系のビッグ4(デロイト トーマツ コンサルティング、PwCコンサルティング、EYストラテジー・アンド・コンサルティング、KPMGコンサルティング)などが当てはまる。

かつてのコンサル業界では、最上流を牛耳る戦略系が花形だった。しかし最近は、総合系が勢いを増してきている。デジタル化の流れによって、戦略の策定から、これまではただの作業と軽んじられていた下流の業務に至るまで、すべてを手がけられることの重要性が増しているからだ。

クライアントには、実行までを手がけられる能力や人材がない場合が多い。そのため、提案するだけでは不十分で、〝上流から下流まですべてカバーできてなんぼ〟という状況になっているわけだ。

つまり、特定の領域にとどまっていては、競争に敗れてしまう。各社のビジネスモデルも変わる局面に差しかかっているわけだ。

こうした変化は、収益面にも大きく影響する。冒頭の例からもわかるように、システム導入や実行支援を伴う案件のほうが、高い報酬を得ることができるからだ。

報酬は極めてシンプル

では、実際に報酬がどう決まっていくかを見ていこう。実は、コンサル会社の報酬体系は非常にシンプル。基本は「単価 × 人数 × 期間」で決まる。

「単価」は携わるメンバー1人ひとりの役職によって異なる。最も安いコンサルタントは月350万円程度。そこから役職のランクが1つ上がるごとに、単価が100万~150万円ずつ上がっていく。最も高いパートナークラスは実力次第で変動するが、月1000万円程度が相場だ。

この単価に、業務に当たる人数を掛ける。戦略系の案件の場合、関わるのは4~5人の少数精鋭だが、システム導入や実行支援ともなれば数十人はザラ、多いときには100人規模が参加することもある。プロジェクト実行の〝歯車〟となるコンサルタントが大量に投入されるからだ。

コンサル報酬の
からくり

報酬 ＝ 1人当たり単価 × 人数 × 期間

1人当たり単価：プロジェクト全体で、1人当たり月額300万～350万円程度になるように調整する

期間：システム導入など、数年かかる案件も。提案で作業量を増やし、期間を延ばし荒稼ぎするケースも

1人当たり単価：役職に応じて、期間当たりの単価が異なる

1カ月当たり報酬

パートナー	1000万円
ディレクター	900万円
シニアマネジャー	800万円
マネジャー	650万円
シニアコンサルタント	500万円
コンサルタント	350万円

(出所)取材を基に東洋経済作成

クライアントから見れば、割安なコンサルタントで回してもらっているため、お得に思えるかもしれない。しかし、その分人数が多いため、報酬総額は膨らんでしまう。これが、ＩＴ系の案件で報酬総額が高くなる一番の要因だ。

実はこれ、コンサル会社から見れば「効率がいい稼ぎ方」（コンサル会社首脳）。というのも、パートナーやディレクターはクライアントから受け取る報酬も高いが、コンサル会社が支払う給料の水準もかなり高い。

その一方で、下っ端のコンサルタントたちは受け取る報酬に対して支払う給料が少なくて済む。いわば収益性が高い人材で、彼らを大量投入することは、「燃費がいい」（同）のだ。

とはいえクライアントの予算に合わせるために、細かな調整をすることもある。パートナークラスが関わる日数を数日だけにとどめるなど、プロジェクト全体で「月額を３００万〜３５０万円 × 人数になるように調整する」（コンサル会社幹部）ことが多いという。

「期間」も重要な要素の1つだ。戦略系の案件では3カ月程度が一般的だが、ＩＴ系ともなると1年以上かかる案件が山ほどある。おのずと報酬は膨らんでいくから、コンサル会社からすれば、安定的に高い報酬が得られるおいしいビジネスなのだ。

中には、こうした報酬体系を経営者が理解していないことに付け込んで、あの手この手で荒稼ぎするコンサル会社もある。

例えば、「期間をできるだけ長く延ばすというのがコンサルの常套手段」（別のコンサル会社幹部）。プロジェクトの実行段階で、「ここはもう少しこうしたほうがいい」「実際にやってみたら、こちらのほうが御社にはマッチしている」など、追加提案や仕様変更を行い期間を延ばしていくのだ。

時には、「なぜか金曜になると修正提案を出してくるコンサル会社もある。『土日に人員を大量投入し、突貫工事で月曜には仕上げます』と言うが、ちゃっかり土日料金を請求される。わざととしか思えない」とこぼすクライアントもいる。

確かに、「実際に作業がスタートすると、『あの機能が欲しい』など、顧客から新たな要望が出ることが多く、当初想定していなかった作業が増えることは多々ある」（I

T系コンサル社員)。また、「長期にわたる作業中に、新しいシステムや技術が出てくれば、それを追加するように軌道修正する」(別のIT系コンサル社員)といった事情もある。

だが、そこは頭のいいコンサル会社。すべてがそうだとは言わないが、そういったことさえ儲けの種にする会社があるのも現実で、「効率を求めるコンサル会社が、非効率で儲ける」などと揶揄されることもしばしばだ。

クライアントにしてみれば、最適な料金で、最高のパフォーマンスを発揮してもらえるのがベスト。しっかりと儲けのからくりを知ったうえで、コンサルと付き合っていくべきだろう。

(藤原宏成)

成果にコミットする報酬の新体系

「単価 × 人数 × 期間」というコンサルティング報酬の体系が変わりつつある。その例の1つが成果報酬契約だ。契約時に評価指標を設定し、その指標の達成度合いに応じて報酬が変わる。とくに経営戦略のコンサルは直接的な成果を測りづらい。そのため、「顧客側の要望を受けて近年増えている。通常の報酬に上乗せする形で成果報酬を設定することが多い」(戦略コンサル大手マネジャー)。

「成果報酬は今後のトレンドになる」と話すのは、デロイト トーマツ コンサルティングの佐瀬真人社長だ。例えば、顧客管理システムの「セールスフォース」を導入する案件では導入による増収額やコスト削減額に応じた報酬にしたり、商社や電力会社と組む再生可能エネルギーの入札案件では成約に至ると追加報酬を得られたりといったケースがあるという。

合弁でリスクも取る

一方で野村総合研究所の此本臣吾社長は、「戦略コンサルは顧客の社内にいない専門人材を提供するもの。成果報酬は向かない」と指摘する。

そこで同社が強化するのは、顧客企業との合弁会社の設立だ。日本航空や工作機械大手のＤＭＧ森精機などと、デジタル技術を活用した新規事業を合弁会社で展開する。

合弁会社のモデルは文字どおり、コンサル会社と顧客となる事業会社が折半出資し、収入を分け合うと同時に、失敗した際のリスクもシェアするというもの。「出資金がゼロになる可能性もあるが、それだけコミットするということだ」（此本社長）。

■ リスクと利益を顧客と共有
―合弁モデルの仕組み―

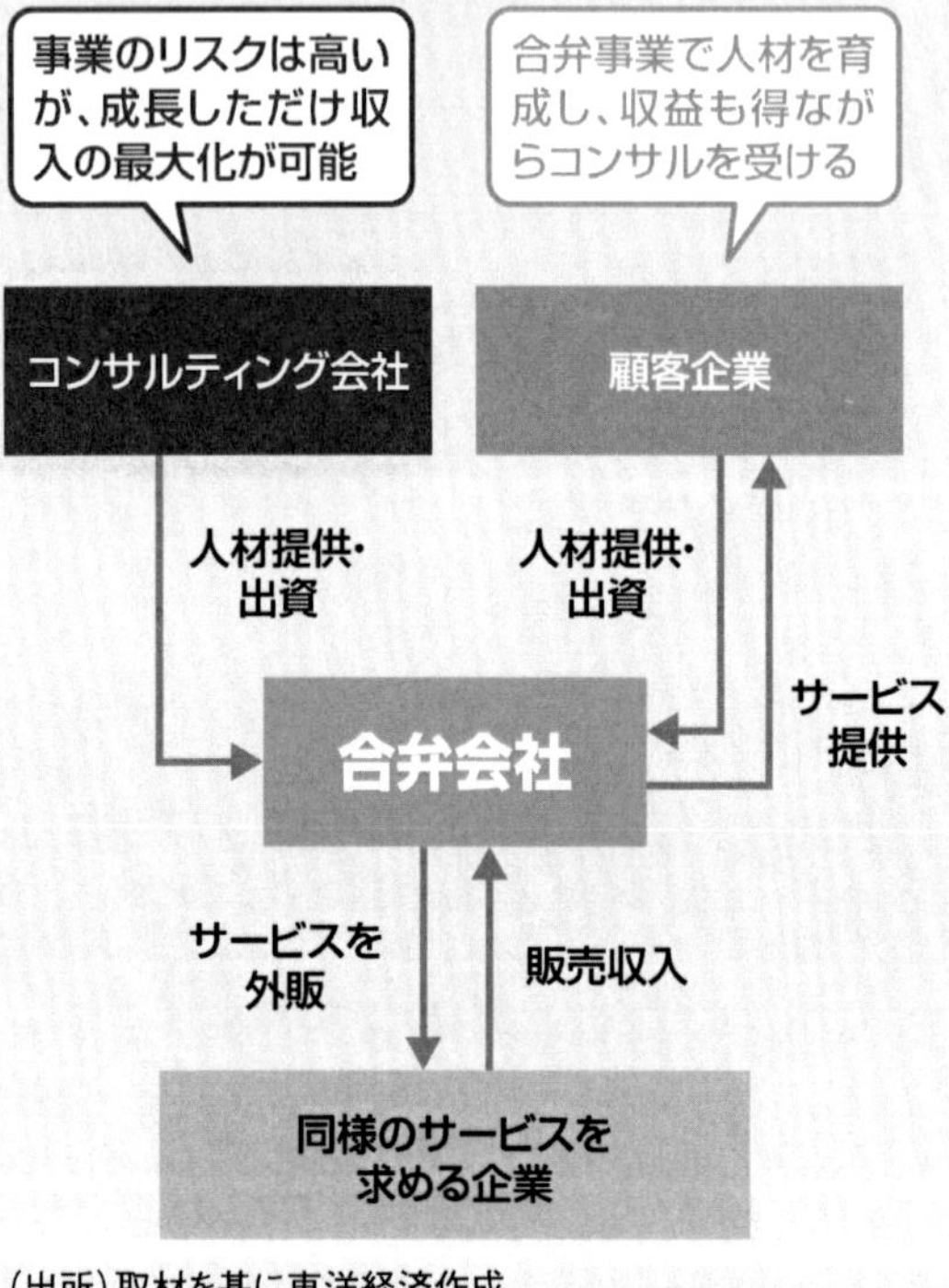

（出所）取材を基に東洋経済作成

合弁モデルに先鞭をつけたのがアクセンチュアだ。同社は2015年にファーストリテイリングと事業のデジタル化を進める合弁会社を設立。その後KDDI、関西電力、味の素などとも合弁を立ち上げ、直近では資生堂と設立を検討中だ。

アクセンチュアの江川昌史社長は、「目的は全社的なデジタル改革。通常のコンサル契約でもできるが、合弁会社で互いの社員を一緒に働かせることでデジタル人材を育ててほしいという要望が強い」と話す。同社の場合、合弁会社が開発したシステムなどを外販することはなく、人材育成の色が強いという。

（中川雅博）

地方創生に本気のコンサル

「そんな巨額プロジェクトになるんですか」

２０２０年１１月、コンサルティング会社から事業規模は３０００億～４０００億円と聞いた沖縄県石垣市の小切間元樹企画部長は、思わず身を乗り出した。

コンサルが持ち込んだのは、いわゆる「スーパーシティ」構想だ。ＩｏＴ（モノのインターネット）やＡＩ（人工知能）を活用して地域のビッグデータを解析、「まるごと未来都市」を目指す構想で、先端技術を活用するスマートシティの考え方から住民目線をより前面に打ち出したものだ。

２０年５月、国家戦略特別区域法が改正され、未来都市をつくるうえで必要な規制緩和を一括して行えるようになった。旗振り役の内閣府がモデルケースとなる特区地域を5カ所程度指定するが、4月16日に締め切られた応募では石垣市を含む全国31の市町村・自治体連合が提案を寄せた。

アクセンチュアのすごみ

石垣市の提案策定を請け負ったのは、都市開発コンサルのプラネット社、コンサル大手・アクセンチュア、そして隈研吾建築都市設計事務所の共同企業体（JV）だ。プラネット社が総合プロデュースを担当し、アクセンチュアがデジタルプロデュースを、隈研吾事務所が施設の設計・監修を担う。

今回の提案は、人がまだ住んでいない土地での新規開発型（グリーンフィールド型）で、空港、港湾周辺の広大な土地にリゾートホテルやスポーツパーク、東京圏などから移住した高齢者のコミュニティー、大規模商店街などを展開。デジタル地域通貨を用いるキャッシュレス世界で、配送ドローンが飛び交い、オンラインによる診療、健康チェックも実現するものだ。

3社のプロデュースの下、無数の企業が人口5万人弱の石垣市に集結し、プロジェクトに関わることになる。石垣市の小切間部長が言う。

「各省庁の先端技術予算は年間数千億円。スーパーシティでは事業費の2分の1～3分の2が補助金で賄われるので、参加事業者としては大きなプロジェクトだ」

補助金を活用して初期インフラを整備し、その後、企業誘致を進める中で得た収益により再投資を行う構想だが、インフラ整備だけでも巨額のビッグプロジェクトだ。

沖縄県関係者が言う。

「今の石垣市政は自衛隊の受け入れにも積極的で、政権与党にも近い。政治的背景からも特区に選ばれる可能性は高い」

本命視されるのは政治的背景からだけではない。JVの一角にアクセンチュアがいるからだ。

同社は、福島県会津若松市で2011年からスマートシティの構築を続けている。内閣府からはスーパーシティのデータ連携基盤に関する調査業務を、日本電気（NE

C）や日立製作所などと受注し、ＡＰＩ（アプリケーションの接続仕様）の標準仕様や共通ルールづくりに取り組んできた。そのためスーパーシティをめぐる地方の考え方、国の考え方を熟知しているわけだ。

実はスーパーシティに手を挙げた31自治体のうち、アクセンチュアは、会津若松市のほか石垣市を含む10自治体でデジタルプロデューサーとして名を連ねている。大手コンサルではＫＰＭＧコンサルティングの名前も散見されるが、特区に指定される5地域のうち、複数地域でアクセンチュア案件が採用される可能性は高い。

会津若松市でスマートシティの推進役を務めているアクセンチュア・イノベーションセンター福島の中村彰二朗マネジング・ディレクターが話す。

「スーパーシティは住民の合意があってできるもの。会津若松にアクセンチュアから200人が移り住み、地元企業と組んでオプトイン（住民参加型）の地方創生を進めてきた。市民の意識や行動を変えていくノウハウも蓄積し、都市ＯＳ（基本ソフト）もできた。今後、これを横展開し、『標準化』とはこういうことだと見せていきたい」

だが、6年前の〝第1次地方創生〟では、地方自治体のコンサル頼みが浮き彫りにされた。地方自治総合研究所の調査で、アンケートに応じた1342市町村のうち77%が地方版総合戦略の策定を外部に発注し、委託金の53%が東京のコンサルに流れていたのだ。

同研究所の今井照主任研究員は、「外部の力を借りることは悪いことではないが、このときは計画策定のために国が1000万円の委託費を認めた。この額になると大手コンサルに発注するほかなく、東京のコンサルに発注が集中した。1人のコンサルタントが10自治体の計画をつくる例もあり、どこも同じような計画になった」と話す。

スーパーシティでは、標準化されたシステムが街づくりの画一化をもたらさないだろうか。アクセンチュアの中村氏が言う。

「予算がつくから取りに行こうという企業と一緒にされると困る。われわれは会津若松に拠点を構え本気でよくしたいと思っている。住民参加型の考え方やプラットフォームは共通でも、そこには観光、農業など地方の実情に沿ったサービスがのっていく。われわれはそうしたところと共存しながら進めていく」

全国の都市OSを席巻？

とはいえ、1つの自治体のシステムをすべて請け負ったとしても受注額は2億円程度。アクセンチュアからしてみれば収支は見合わない。

中村氏は、「政府が基幹システム関連で自治体に出すお金は4000億円。各自治体でバラバラになっているシステムを標準化して薄く広くサポートすることで、ギリギリのラインだがビジネスになるという事業計画はある」と話すが、現状、投資ベースであることは否めないと言う。

となれば、全国の自治体にアクセンチュアの都市OSが一気に広がっていく可能性も出てくるが、中村氏の狙いは別のところにある。

「スーパーシティでは住民が自分のデータを提供し、パーソナライズされたサービスを受ける時代に変えられる。アクセンチュアのシェアを拡大するのが目的ではなく、そこに関わり、地域が主導するプラットフォームモデルとして世界に発信できるということにわくわくしている」

スーパーシティをめぐっては、「個人情報とは桁違いのビッグデータが特定事業者の利権となる」（前出の今井氏）との指摘もあるが、そのデータを活用できるかは結局、事業者が住民の信頼を得られるかにかかっている。

アクセンチュアの思いはかなうのか。その第一歩となるスーパーシティ特区は、21年夏に指定される。

（森　創一郎）

戦略、IT、会計系が大混戦

仁義なき陣取り合戦

2020年、あるメーカーが「市場調査をお願いしたい」と複数のコンサルティング会社に見積もりを依頼した。強化したい事業領域におけるライバル会社の戦略を分析するというもの。コンペでコンサル各社が2000万円以上を提示する中、1社だけ1000万円という破格の安値を提示したコンサル会社があった。

その名はアクセンチュア。今、コンサル業界で最も波に乗る会社だ。当然この案件は、アクセンチュアがかっさらっていった。

コンペに参加したコンサル大手の関係者は、「アクセンチュアはITの案件につながりそうなものは価格をガンガン下げてくる」とうなる。別の戦略コンサル幹部も、「他社の3分の1の価格を出すこともあって、真意を測りかねる」と指摘する。

コンサル業界は、企業の経営戦略立案を担う「上流」と、それを実行するためのシステム構築などを担う「下流」に分かれ、近年はその両方を行う「総合系」の成長が目立つ。中でも台風の目となっているのが、アクセンチュアだ。

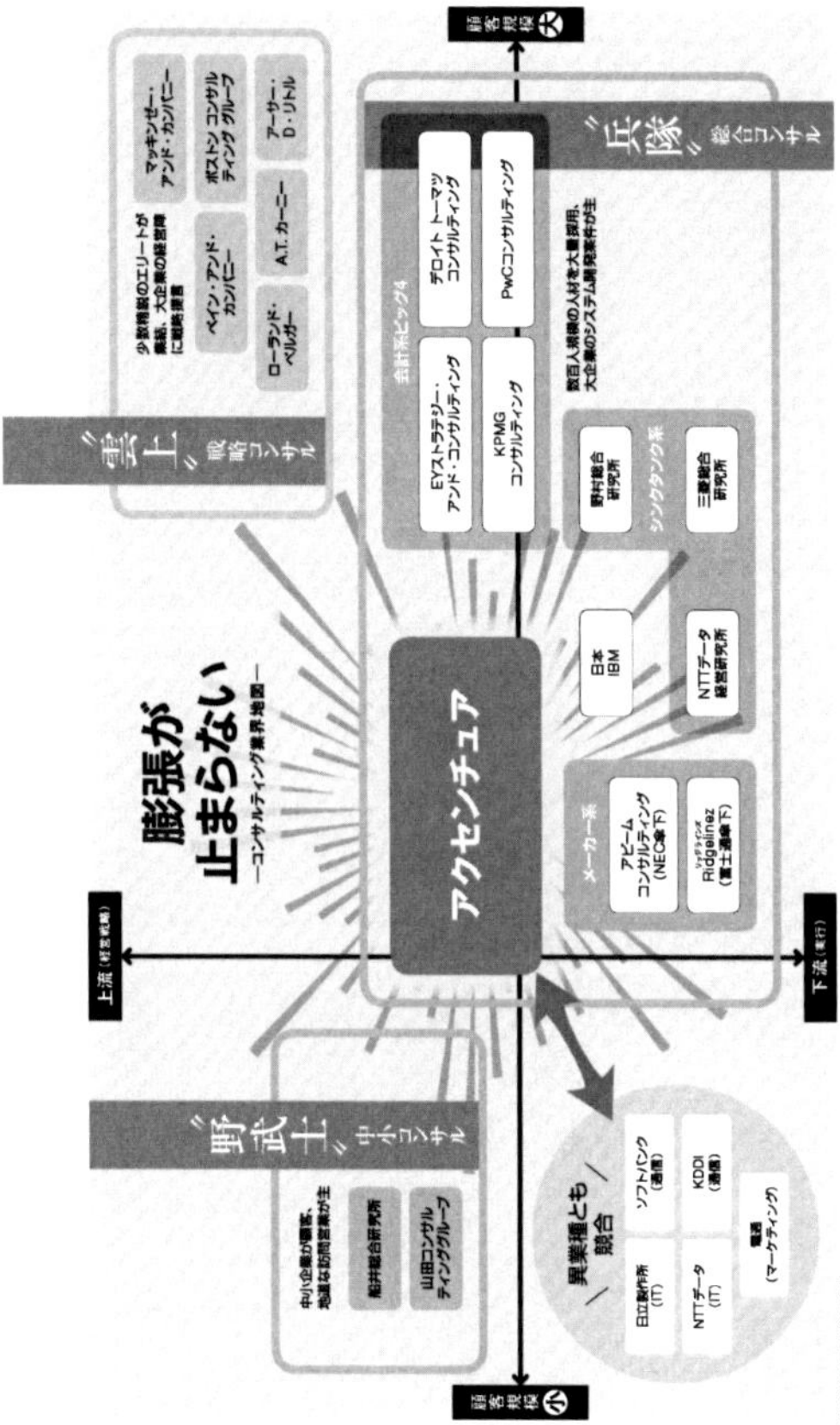
膨張が
止まらない
―コンサルティング業界地図―
上流（経営戦略）
下流（実行）
顧客規模小
顧客規模大
〝雲上〟戦略コンサル
少数精鋭のエリートが集結、大企業の経営陣に戦略提言
マッキンゼー・アンド・カンパニー
ベイン・アンド・カンパニー
ボストン コンサルティング グループ
ローランド・ベルガー
A.T. カーニー
アーサー・D・リトル
〝野武士〟中小コンサル
中小企業が顧客、地道な訪問営業が主
船井総合研究所
山田コンサルティンググループ
アクセンチュア
会計系ビッグ4
EYストラテジー・アンド・コンサルティング
デロイト トーマツ コンサルティング
KPMG コンサルティング
PwCコンサルティング
〝兵隊〟総合コンサル
数百人規模の人材を大量採用、大企業のシステム開発案件が主
メーカー系
アビーム コンサルティング（NEC傘下）
Ridgelinez《リッジラインズ》（富士通傘下）
日本IBM
NTTデータ経営研究所
シンクタンク系
野村総合研究所
三菱総合研究所
異業種とも競合
日立製作所（IT）
ソフトバンク（通信）
NTTデータ（IT）
KDDI（通信）
電通（マーケティング）
（出所）取材を基に東洋経済作成

止まらない領域拡大

それにしても、なぜここまでの安値を提示することができるのか。それはアクセンチュアの組織を見ればよくわかる。

アクセンチュアの事業領域は、ほかのコンサル会社と比べ幅広く、大きく4つの部門に分かれている。戦略コンサルの「ストラテジー&コンサルティング」、デジタルサービスやITシステムの開発を担う「テクノロジー」、間接業務のアウトソーシングを手がける「オペレーションズ」、そしてデジタルマーケティングやデザインなどを行う「インタラクティブ」だ。

フルラインでそろっているため、戦略策定を格安で請け負って企業の懐に入り込み、「一気通貫で何でもできます」という売り文句で攻勢をかけられるわけだ。

具体的な事例で説明しよう。例えばデジタル戦略を強化したいという自動車メーカーがあったとする。まず、戦略コンサルを受注し、車のネット販売やサブスクリプションサービスの展開などを提案する。ここまではどのコンサル会社も同じ。しかしアクセンチュアは、サービスに必要なシステムの開発や、アプリのデザインに至るまですべて引き受けるのだ。

「とくに中期経営計画の策定プロジェクトは大きい。一度取れれば、ひも付く案件を総取りできるからだ」とアクセンチュアOBは明かす。

多くの企業がDX対応に追われ、ビジネスモデルのデジタル化を迫られている。アクセンチュア日本法人の江川昌史社長は、「全社的な改革をするために必要なデジタル人材を提供するのがわれわれの仕事だ」と話す。

その結果、今では「日本の大企業の3～4割は顧客になった」と江川社長は豪語する。関係者によれば、その中にはファーストリテイリングやソニーグループ、楽天グループ、KDDIなど有名企業がずらりと並ぶ。そうした大口顧客には100人を超える規模のアクセンチュア社員が常駐する。

事業領域と顧客の拡大とともに、社員数も急激に増やしている。直近では1万6000人と、過去6年で3倍に膨れ上がった。それでも「案件が多すぎてずっと人が足りない」（アクセンチュアの人事担当者）ため、年間2000人以上を採用しまくっている。

〝兵隊〟コンサルが激突

このように、上流から下流まですべてを手がけるため、アクセンチュアはさまざまなところでライバル各社と激突する。

真っ向からぶつかるのは、4大監査法人グループが抱え「ビッグ4」と呼ばれるコンサル会社だ。アクセンチュアと同様、〝兵隊〟が集まり大所帯で大企業の案件に臨むが、「どの案件でもアクセンチュアと競合する」とデロイト トーマツ コンサルティングの佐瀬真人社長は話す。

だが佐瀬社長は、「監査で培ったリレーションを武器に、最上流の戦略構想からシステム開発まで世界規模で対応していく」（佐瀬社長）と鼻息が荒い。

ビッグ4以外でも、ＩＴ企業ながら長くコンサル事業を展開する日本ＩＢＭは

20年、戦略策定からシステム開発、人材育成までを提供するサービスを開始した。「戦略だけ提案して開発をベンダーに投げると、トラブルになりやすい。実装までやってほしいという顧客からの声は多い」（藤森慶太執行役員）のが理由だ。

ステータスが一段高い〝雲上〟コンサルとして君臨していた戦略コンサルのマッキンゼー・アンド・カンパニーやボストン コンサルティング グループ（BCG）なども戦々恐々だ。アクセンチュアが川下まですべて請け負うことを武器に、彼らの重要顧客である自動車や電機など日本を代表する企業に猛攻勢をかけているからだ。

しかも、アクセンチュアは役職や高給を餌に両社からコンサルタントを引き抜き、戦略コンサルの強化を図っているからなおさらだ。「アクセンチュアの戦略コンサルの年収はマネジャー（30歳前後）で1600万円程度と、今やマッキンゼーやBCGに並ぶほど」（人材エージェント）。

そのため、両社ともDXコンサルの専門組織を立ち上げ、下流方向へと進出し始めた。

さらにITが中心だった下流の企業も、戦略から入らなければ成長できないと危機感を強めている。ＮＥＣや富士通、ＮＴＴデータ、日立製作所といった大手ＩＴベンダーが軒並み上流のコンサル強化に動いているのだ。

ＮＥＣは傘下にＩＴコンサル大手のアビームコンサルティングを抱える。同社の鴨居達哉社長は、「戦略コンサルがいきなりＩＴに入っても実装力に限界がある。経験者を集めても簡単にできるものではない」と対抗意識を燃やす。

富士通は２０年４月にコンサル専業の新会社を設立。ＰｗＣコンサルティング出身の今井俊哉社長は、「コンサルは外資系が多いが、日本企業の文化をよく知る富士通の人材がいることは強みだ」と話す。

〝コンサル中毒〟の企業も

ただ、あまりの成長ぶりを見てか、業界内からはアクセンチュアのビジネスモデルについて疑問視する声も聞かれ始めている。

ビッグ４のある首脳は、「アクセンチュアが抜けたらビジネスが回らなくなるほど

〝中毒〟にされている例が実際にある」と指摘する。また戦略コンサル会社の首脳は、「ＩＴ開発で儲けようとすると、必要のないものまで提案する。外部のベンダーに頼れば、中立的で最適な提案ができる」と言う。

これに対しアクセンチュアの江川社長は、「案件における作業の９割くらいを、外注せずにわれわれが担わなければ、企業経営者のニーズに半分も応えられない」と反論する。

コンサル業界以外の企業もアクセンチュアの存在を意識し始めている。ソフトバンクの宮内謙会長は「ＤＸを支援する法人事業でデジタル人材の育成を強化しているが、客先でアクセンチュアとぶつかることも増えた」と話す。さらにアクセンチュアは、デジタルマーケティング分野のコンサルで、案件の受注を電通などの広告会社とも争うようになっている。

ＤＸの対象は業界を問わない。コンサル会社は上から下へ、下から上へと動き、異業種からの攻勢も強まる。混戦模様は深まるばかりだ。

（中川雅博）

トップコンサルタントの争奪で泥仕合

人材争奪戦が激化するコンサルティング業界では、競合先から人材を引き抜く際、報酬を上げて勧誘することが珍しくない。そのためコンサルタントは移籍に際し、もらっている給料を大きく見せたがる。

「現給与はなるべく多く見せましょう。+100~500のレンジで」

これは、2018年、当時デロイト トーマツ コンサルティング（DTC）に所属していたコンサル数人が交わしていたSMS上のやり取り。このメンバーはEYストラテジー・アンド・コンサルティング（EY）への移籍に際し、EY側に年収を実際より多く見せようと綿密に打ち合わせをしていた。

作戦は成功。「とんでもない額上がります」「皆さん2年後の税金にはお気をつけください（笑）。来年1年は今年の税率適用なので〝ウホウホ〟ですけど」といったメッセージを送り合い、ＥＹに移籍した。

年間８００人前後が入社して３００人が辞めていくＤＴＣにとって数人の移籍は大した問題ではないはず。しかし、この移籍は訴訟に発展した。

事の発端は２０１８年4月、当時ＤＴＣの社長だった近藤聡氏がデロイトグループの代表候補となるも落選したこと。近藤氏は１１月に、側近の國分俊史氏とともにＤＴＣを自己都合退職、２人は翌１９年1月ごろにＥＹに入社した。

部下も「引き抜き」か

自分たちだけならよかったのだが、國分氏が１８年１０月ごろから部下たちに移籍を働きかけていたことが問題となる。年収アップの話に花を咲かせていたのもこの頃だ。

露骨に人材を引き抜かれたＤＴＣは國分氏を提訴。当時、ＤＴＣの業務執行社員

（パートナー）であり会社に忠実義務を負っていたにもかかわらず、それに反し会社の利益を犠牲にしたという主張だ。

近藤氏についても「代表社員まで務めた者が競合先に移籍するなどということは希有。落胆した」（訴状）と怒りを隠さない。だが、当のＥＹは何食わぬ顔で近藤氏を引き入れ、２０年１０月には社長に据えた。

大手コンサル幹部は「みんな一線を越えている。業界の非常識さが出ている」とこぼす。だが争奪戦は続きそうで、「対岸の火事」とはならないかもしれない。

（野中大樹）

中小向けコンサルの奮闘

「大丈夫ですから。一緒に対策を考えてみましょう」

山田コンサルティンググループのコンサルタント、渡部浩平氏は、肩を落とす社長の背中をさすりながら声をかけ続けていた――。数年前に担当した工務店での出来事だ。

関東で建設業を営んでいたその工務店は20人の従業員を抱え、オーナー社長と妻の2人で切り盛りしていた。だが、事業の不振が続き立ちいかなくなる。

依頼を受けサポートに入ったのが、中小企業向けコンサルティング会社大手の山田コンサルだった。担当することになった渡部氏は、「資金繰りが危険水域で、金策に走り回っていた社長の精神状態も臨界点に達していた。昨日と今日で言うことが

180度変わっているような状況だった」と振り返る。

ある日いきなり姿を消したかと思ったら、ヤミ金に駆け込んでいた。もはや冷静な判断ができなくなっていた社長に、渡部氏は「大丈夫ですから」と声をかけ続け、「この人に伴走していくしかない」と腹を固めた。

まず運転資金確保のため、メインバンクに追加融資を頼み込んだ。だが、財務の傷みが激しいことを理由に、担当者はなかなか首を縦に振らない。そうこうしているうちに資金繰りがさらに悪化したため、渡部氏は銀行に相談しつつ、山田コンサルのネットワークを使ってスポンサー探しを始める。

ほどなくスポンサーは見つかった。渡部氏は社長とスポンサー企業の間に立って、現実的な着地点を探った。

出た結論はこうだ。20人の従業員はスポンサー企業に移管し、未払い分を含めて給与を払ってもらう。負債額が5億円に上っていた工務店は破産させ、社長夫妻は再起までの一定期間スポンサー企業に雇ってもらう。中断していた工事もスポンサー企業に引き継いでもらうというものだった。

事は計画どおりに進んだ。工務店は事業の継続こそできなかったが、育ち盛りの子どもを抱える社長夫妻や従業員が路頭に迷うという最悪の事態は回避できた。

渡部氏は「ビジネスとして儲かった案件とは言いがたいが、経営者には最後まで寄り添えたと思う」と述懐する。

「上から目線」に陥らず

大手コンサルにありがちな「上から目線」に陥らず、経営者に寄り添う姿勢は山田コンサルが大切にしている企業理念だが、特徴はそれだけではない。会計事務所を母体としているため再生から事業承継、M&Aまで幅広く対応できるのだ。スポンサー探しからM&Aまで一気通貫でこなせるコンサル会社はそう多くない。

加えて、料金は大手に比べて格段に安い。

例えば新規事業計画の策定を戦略コンサルに頼めば5000万〜8000万円、監査法人系コンサルに頼んでも5000万円前後はかかる。それが山田コンサルなら1000万円程度に収まる。

なぜここまで安くできるのか。クライアントの規模やコンサルタントの質にも差があるため単純には比較できないが、中小企業向けコンサルのビジネスモデルに理由がある。

クライアントが大手企業の大手コンサルは、パートナーやマネジャーなど多くのスタッフがクライアント企業に常駐し、彼らの実働時間がそのままコンサル料金に反映される。

一方、クライアントの規模が小さい中小企業向けコンサルの場合、1社当たり大抵1~2人で収まる。常駐もしないため、必然的にコンサル料は安くなるのだ。その代わり、1人のコンサルタントが複数社を掛け持ちする。「薄く広く」稼いでいくビジネスモデルだ。

このからくりを使って業界随一の低価格を実現しているのが、中小企業向けコンサルで売上高トップを誇る船井総合研究所だ。

■幅広い悩みに応える ―主な中小企業向けコンサル企業―

社名	売上高	従業員数	強み
船井総研ホールディングス	250億円	1303人	成長支援
山田コンサルティンググループ	135億円	810人	再生、事業承継
タナベ経営	93億円	406人	事業承継、M&A
ビジネスコンサルタント	非公開	424人	教育訓練、調査診断
日本能率協会コンサルティング	非公開	300人	業務改善、IT化

(注)売上高は直近の本決算

■「薄く広く」稼いでいく ―新規事業計画策定の費用―

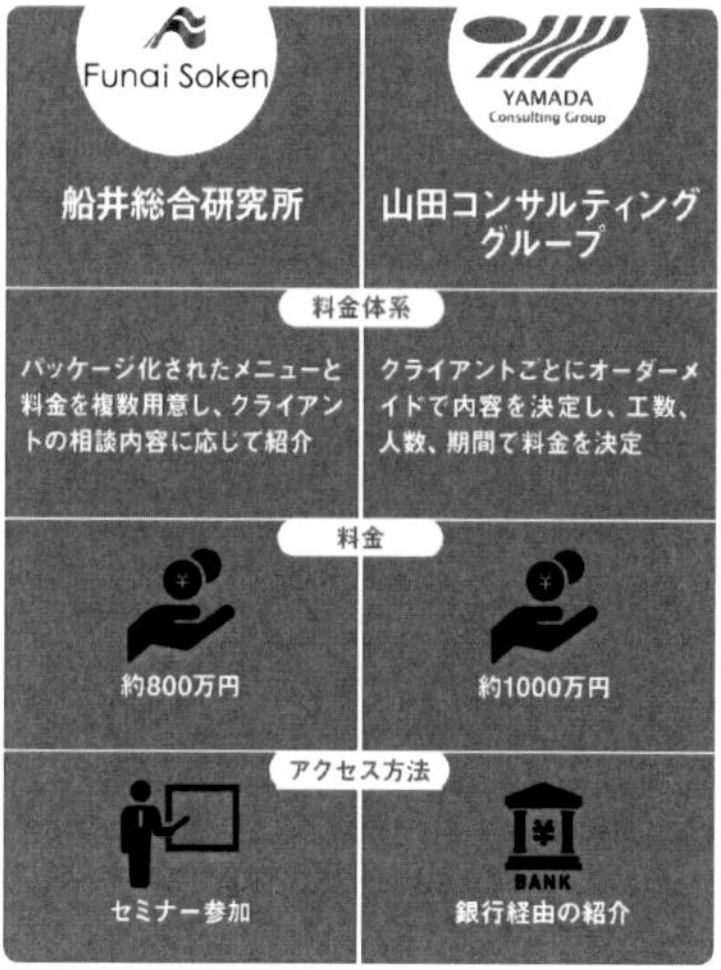

(出所)取材を基に東洋経済作成

1人で15社以上を担当

船井総研には2020年から、コロナ禍を生き抜くための業態転換に関する相談が相次いでいる。

新型コロナウイルスが飲食業界を直撃していた2020年春、同社にはステーキ店を複数店舗展開する飲食企業からの相談が入っていた。厨房でステーキ肉を焼きホールスタッフが客席まで運ぶスタイルは、コロナ感染のリスクが高いと見なされ、客足が遠のいたという。

船井総研のコンサルタントが提案したのは、ステーキ店から「非接触型焼き肉店」への業態転換。席に設置してあるタッチパネルで注文すると、肉はレーンで運ばれてくる。客は自席に運ばれた肉を自分で焼いて食べ、無人レジで会計を済ます。入店から退店までのあらゆる接触機会を省く方式だ。

非接触型焼き肉店は感染予防が徹底された店として認知され、客足は徐々に戻った。赤字続きだった店舗は黒字化し、同じタイプの店をもう1店出したという。

驚くべきは、これだけやってコンサル料は格安だということ。この事例の場合、提案から店舗改装支援、新業態が軌道に乗るまでとコンサル期間は約8カ月に及んだが、コンサル料は何と数百万円だった。

大手コンサル幹部は「もしうちが同じ期間、同じ提案をするとしたら料金は数千万円は要求するだろう」と話す。

破格ともいえる料金設定の背景には、前述のとおりコンサルタント1人当たりが担当する会社数の多さがある。船井総研のコンサルタントは1人平均15社以上を担当するのだ。山田コンサルの平均3社よりはるかに多い。

1人のコンサルタントが15社以上も掛け持ちすれば1社当たりのコンサルの質が下がるのではないかという指摘もあるが、船井総研はしっかりと対策をとっている。

同社では「IT・デジタル化」「ロジスティクス」「IPO（新規上場）支援」「事業承継支援」というようにコンサルメニューがパッケージ化されており、コンサルタントは手元のメニューからクライアントにふさわしい商品を選び出して提供すればよい。つまり、クライアントごとに1から案を練る必要がないのだ。

中小企業向けのコンサルが、大企業向けに比べて複雑ではないからこそ取れる対策だといえる。

そうしたパッケージ商品の中でも人気なのが「月次支援コンサルティング」。料金は月額25万〜30万円で、コンサルタントが月に1回会社を訪問し、社長の悩みを聞きながら成長戦略を練る。契約期間中であれば電話相談もいつでもできるというものだ。

社員を1人採用するよりも有効で安く済むと考える経営者は多く、この商品は船井総研の売上高の9割を占めるという。

日本企業の97%は中小企業だ。コロナ禍では、資本が薄い企業ほど危機に瀕した。中小企業向けコンサルの出番は、今後ますます増えそうだ。


（野中大樹）

大手企業の裏に〝黒子〟あり

巨大案件　実現の舞台裏

2020年8月、横浜市のJR桜木町駅に直結するショッピングモール、コレットマーレの中に、真新しい携帯電話ショップが新装オープンした。その名も、「au Style みなとみらい」。KDDIが展開するauショップの新しい形の店舗だ。

店頭にはタブレットが並び、訪れた顧客は、自らタブレットを操作して機種や料金プランの変更といった手続きをすることができる。これまでのように手続きの窓口が空くまで長時間待たされることがないように設計されている、新しい形のauショップなのだ。「携帯ショップは待たされる」という不満が解消され、顧客の評判は上々。KDDIは、他店への展開も順次検討する。

実はこの店舗の開発には、コンサルティング大手のアクセンチュアが〝黒子〟として大きく関わっている。

ＫＤＤＩの経営陣は、２０１７年にデータ分析の合弁会社を設立するなど関係が深かったアクセンチュアの戦略コンサルタントに対し、「携帯事業者の競争は激しい。新たなａｕのサービスを生むために、デジタル変革（ＤＸ）を進めたい」という要望を投げかけた。

まず先行事例を紹介

着手すべきテーマとして挙がったのが「顧客体験」だ。携帯事業者の競争が熾烈を極める中、差別化を図るためにａｕユーザーとの関係性を強め、端末やサービスを使い続けてもらうことがＫＤＤＩ側の課題だった。

まずアクセンチュアのコンサルタントが行ったのが、国内外で同社が手がけてきたさまざまなＤＸの先進事例の紹介だ。「コンサルの流れとしては、事例における改革のポイントを伝えながら何度も議論し、取り組む方向性を決めることが多い」。ＫＤ

DIとのプロジェクトで責任者を務めるビジネスコンサルティング本部の竹内勝三シニアマネジャーはそう話す。

DXの対象となったのが、「店舗」、「カスタマーサービス」、そして日常的に料金の確認や手続きを行う「アプリ」という、auのサービスにおける3つの顧客接点だ。

戦略コンサルタントが策定した構想を基に、必要なシステムをエンジニアが開発し、デザイナーが店舗の内装やアプリの設計を担当するという、アクセンチュアの主要職種を総動員する一大プロジェクトが19年10月に始まった。

このうち、まずはauショップの改装に着手。顧客調査で、「なるべくなら自分で手続きをしたいが、店員に相談もしたい」という需要の高いことがわかった。そこで来店前に専用サイトで機種とプランを選び、店舗ではタブレットで契約内容を確認、顧客自身で手続きできるようにした。

そのうえで、わからないときや迷ったときなど、必要に応じてその場で店員に相談できる体制に変更したのだ。これにより店舗での機種変更の手続きは最短で20分と従来の半分になるという。

「単にタブレットを置けばいいというわけではなく、新たな手続きに適した内装デザインや、必要な裏側のシステム開発までを担当した」と竹内氏は説明する。

ノウハウの移植も

料金や契約内容を確認できる「Ｍｙ ａｕ」アプリに関しても、アクセンチュアがユーザーの利用実態調査を実施。トップ画面で情報を一元的に確認したい、より直感的に操作したいという要望に合わせ、デザイン部門が情報表示の設計を改良した。

さらにユーザーからの問い合わせに対応するチャットは、これまでは内容に合致するリンクの提供などにとどまっていたが、アクセンチュアのＡＩを活用したシステム基盤を土台に刷新。顧客情報を基にその場で細かな回答ができるようになったうえ、ａｕのサービス内容が変わった際にはエンジニアでない人でも簡単に問答の設定を変えられるようにしたという。

ただ、「個々のサービス改良だけではＤＸとはいえない。組織や企業風土まで変えることを目指している」と竹内氏は言う。つまり、今回のプロジェクトでおしまいというわけではなく、自力で戦略策定やサービス開発などに取り組めるよう、ノウハウを移植しようというわけだ。

そのためKDDIの若手社員に対し、アクセンチュアが自社のコンサルタントに提供する戦略コンサルやデータ分析、最新技術などの研修も実施している。

加えて、アクセンチュアの持つサービス開発に必要な〝部品〟を集めた技術基盤を導入、KDDIが新サービスを自ら素早く開発できる体制の構築も支援している。

このようにコンサル会社は、さまざまなプロジェクトを裏から支援する黒子的な存在。そのため、ほとんど表には出てこない。

アクセンチュアは、ユニクロを展開するファーストリテイリングの「有明プロジェクト」と名付けられたサプライチェーンのデジタル改革に携わったことで知られる。100人規模のコンサルタントやエンジニアが張り付く巨大案件で、アクセンチュアが日本で抱える最大の顧客といわれる。ただこうして顧客の名前が出てくるのはまれだ。

そこで関係者に取材し主な案件を探ってみた。マッキンゼー・アンド・カンパニーは大手スキンケアブランドの中南米進出に際しブランドの開発と販売戦略の立案を手がけたほか、ＰｗＣ Ｊａｐａｎグループは日産リバイバルプランの策定や、ＪＲ東日本の人事情報基盤の整備などに関わっている。

デロイト トーマツ コンサルティングは、ソニー・インタラクティブエンタテインメントの経理財務システムを全世界で統一するプロジェクトを担った。新システムの導入から、それに合わせた業務改革や社内制度の改定まで、コンサル範囲は多岐にわたる。

もちろん、これらはあくまでプロジェクト単位。案件ごとにさまざまなコンサル会社が入り乱れて参入し、企業を支えているのだ。

訴えられるケースも

とはいえ、コンサル会社が手がけるすべての案件が成功しているとはいいがたい。

「何をもって成功した、失敗したというのか線引きが難しい面はあるが、その後の業績が振るわない、顧客が満足していないといったケースは少なからずある」とベテランコンサルタントは明かす。

「例えば、ある自動車メーカーの販売戦略やディーラー戦略を請け負ったコンサルタント会社は、ひたすら業界トップの戦略に追随するようアドバイスした。しかし、開発力や生産能力などがまったく違い、うまくいくわけがなかった。その後そのメーカーは、赤字に転落した」(同)

企業側も、「多額の報酬を払っている手前、『失敗した』とは言いにくい」(コンサル会社幹部)面があるため、これまた表に出ることは少ないが、過去には我慢がならなかったのか訴訟に発展したケースもあった。

次表は、10年に読売新聞東京本社がアクセンチュアを、14年にテルモがやはりアクセンチュアを訴えたケースの概要だ。いずれもシステムの刷新をめぐる案件だ。

■ システム刷新でトラブルに ―コンサルが訴えられた主な訴訟―

提訴年	2010年	14年
提訴企業	読売新聞東京本社	テルモ
訴えられたコンサル	アクセンチュア	アクセンチュア
訴訟の概要	基幹システムの刷新において、受け入れテストで膨大な不具合や障害が発生、36億円余りの代金返還を請求	物流管理システムの刷新が頓挫、「完成に導く義務を果たしていない」「プロジェクトマネジメント義務を果たしていない」として38億円余りの損害賠償を請求

（出所）取材を基に東洋経済作成

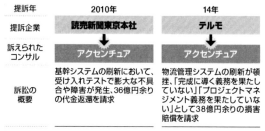

読売新聞の場合、基幹システムの刷新における受け入れテストの段階で、不具合や障害が発生したとして代金の返還を請求。テルモは、プロジェクトが頓挫したため、「完成に導く義務を果たしていない」「プロジェクトマネジメントの義務を果たしていない」などとして損害賠償を請求した。

これ以外にも、「白黒がはっきりしやすいシステムをめぐる案件では、訴訟に発展するケースが少なくない。DX案件が急増している中で、今後はこうしたトラブルが増加する可能性は高い」とベテランコンサルタントはみている。

うまくいけば多額の報酬と引き換えにだが名前を伏せられ、失敗すれば訴えられる。何とも損な役回りに見えるが、あるコンサルタントは言う。「若い頃から経営方針や営業戦略といった重要案件に携わることができるのはコンサルならでは。しかも結果として企業が発展することは無上の喜びだ」。

今日もコンサルタントは大型案件の発掘と提案に走り回っている。

（中川雅博、田島靖久）

「出世」と「給料」の表と裏

「俺もコンサルに就職しておけばよかったかなぁ」。ある20代の銀行員はそうつぶやいた。

そう感じたきっかけは、大学時代の同級生に誘われて参加したオンライン同窓会だった。

開口一番、とある友人がコンサル会社に勤める友人に対し、「なんか、すごくいい部屋に住んでない？」と切り出した。確かにパソコンの画面越しでも、広い部屋にいるのがわかった。

住んでいるのは東京都・豊洲のマンションだという。社宅から毎朝40分かけて支店に通っている自分とは大違いだ。

この友人の年収はすでに1000万円を超えていた。しかも、「コンサル業界では20代で1000万円は珍しくない」と自慢げに話す。

「銀行では、その水準にたどり着くのにあと5年はかかる。うらやましさは感じた」（前出の銀行員）という。

実際、コンサル会社の給料はほかの業種と比較しても高水準だ。次図は、年収が高いとされる商社や銀行と比較したものだが、コンサルの年収は若い年次からどんどん上昇していく。下積み期間の長い銀行などと比較すると、1000万円、2000万円に到達するのはかなり早い。

■ 昇給スピードが段違い

—業種別の年収上昇イメージ—

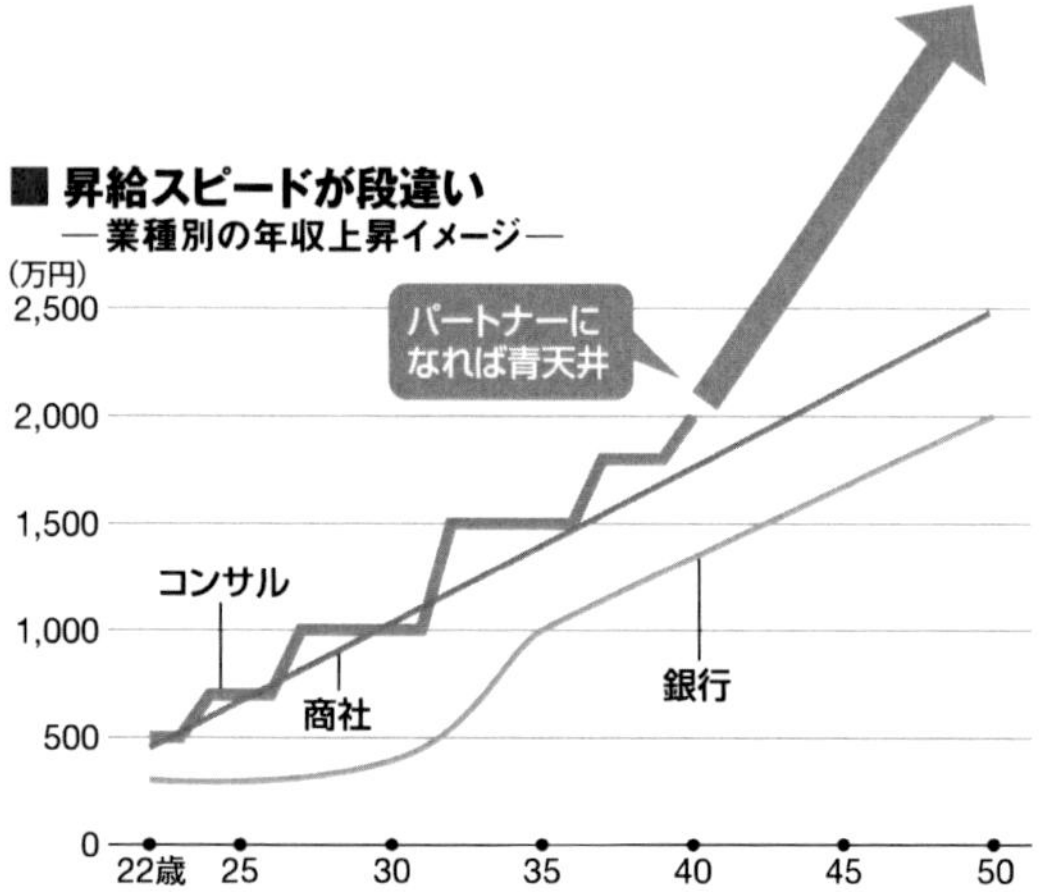

(出所)取材を基に東洋経済作成

最高クラスの役職であるパートナーになれば、収入は青天井だ。大手企業の社長などと比べものにならないくらいの報酬を受け取る人も出てくる。

しかも、コンサル業界は空前の人手不足。他社からの引き抜きや人材の流出を防ぐために、「年収水準は各社高くなる傾向だ」（ＰｗＣコンサルティングの人事担当者）。データアナリティクスやサイバーなど、注力する分野のスキルを持つ人材に対しては、「追加で報酬を出す」（同）という動きも出てきている。この年収水準は、今後もまだまだ上昇していくことになるだろう。

実際にコンサル会社に就職した場合、どのように給料が上がっていくのか。キャリアとともに、もう少し詳細に見ていこう。

コンサルの出世コースは

コンサル会社では、呼び方は各社で多少異なるものの、担当する業務に応じた5～6段階の階層が設けられている。

新卒で入社した場合、まずアソシエイトやコンサルタントと呼ばれる役職に就くことになる。プロジェクトに関わる情報収集や分析、資料作成などの作業を担う。

ある程度の経験を積み、部下を抱えると、シニアコンサルタントと呼ばれるようになる。それぞれの役職を3年ほど経験して昇格するのが一般的だ。

マネジャーやシニアマネジャーに昇格すると、プロジェクト全体の管理を任されるようになる。進捗管理はもちろんのこと、クライアントの担当者と提案内容について議論する機会も増える。

ディレクターになると、より大きな案件を担当することになる。顧客の経営層と対話し、新規のプロジェクトを提案、案件を獲得する役割も加わってくる。

トップに君臨するパートナーはコンサル会社の共同経営者という扱いだ。顧客から受け取る報酬もその人の実力次第。どれだけの実績を上げられるかで、年収水準も変わってくる。パートナーは自社への出資もするため、自社の収益を伸ばせば、その分だけ分配を受けられる。

それぞれの階層に到達する年齢や、年収水準を示したのが次図だ。アクセンチュアやビッグ4などの総合コンサル会社では、マネジャークラスになれば1000万円、パートナーになれば2000万円が見えてくる。

■ 主な総合系コンサル会社の出世コース

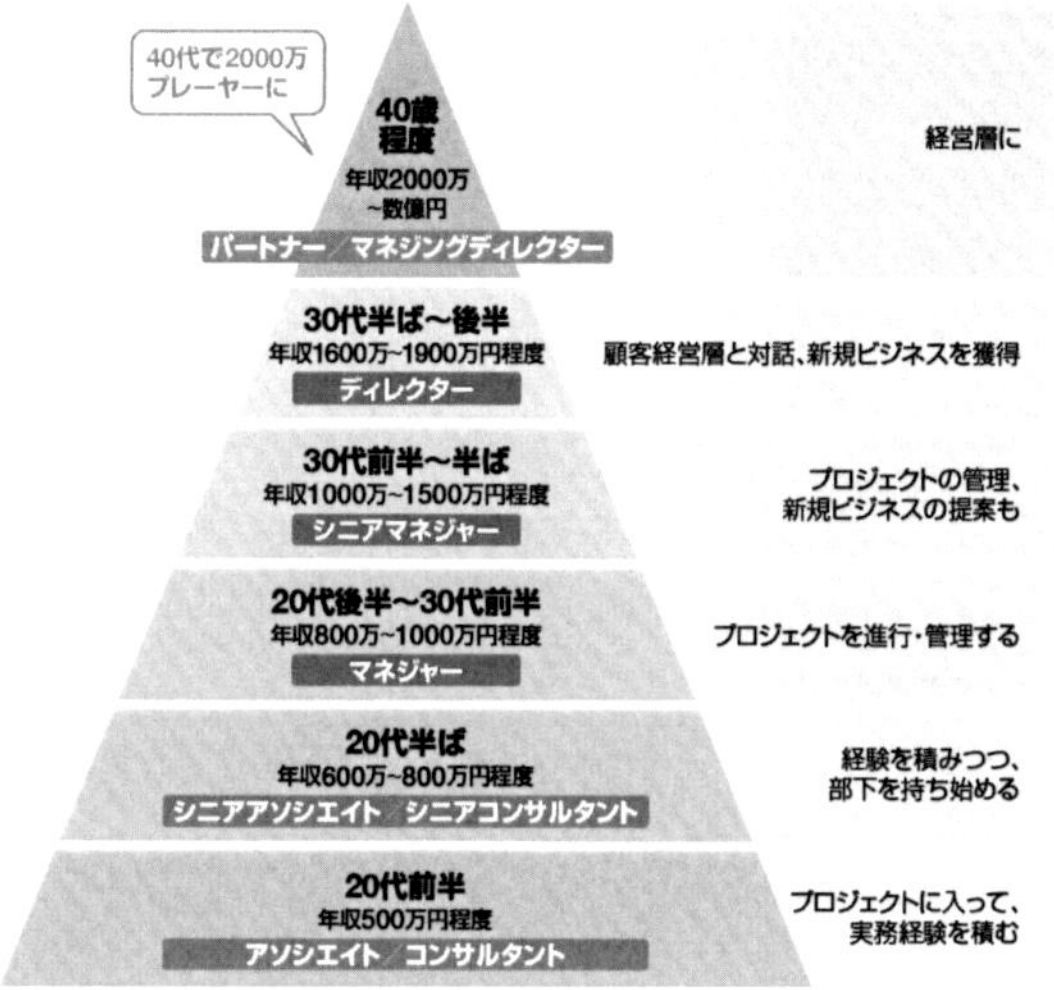
40代で2000万
プレーヤーに
40歳
程度
年収2000万
~数億円
パートナー／マネジングディレクター
経営層に
30代半ば~後半
年収1600万~1900万円程度
ディレクター
顧客経営層と対話、新規ビジネスを獲得
30代前半~半ば
年収1000万~1500万円程度
シニアマネジャー
プロジェクトの管理、
新規ビジネスの提案も
20代後半~30代前半
年収800万~1000万円程度
マネジャー
プロジェクトを進行・管理する
20代半ば
年収600万~800万円程度
シニアアソシエイト／シニアコンサルタント
経験を積みつつ、
部下を持ち始める
20代前半
年収500万円程度
アソシエイト／コンサルタント
プロジェクトに入って、
実務経験を積む

より報酬水準の高いマッキンゼー・アンド・カンパニーやボストン コンサルティング グループでは、「マネジャークラスでも2000万円近い収入がある」(コンサル会社社員)というから驚きだ。

ここに示した年齢はあくまで目安。実力があると評価されればより低い年齢で上の階層に上がることも多い。冒頭のコンサル会社社員は「5年目でマネジャーに昇格した」という。

最短では、「30代前半でパートナーにまで上り詰める人もいる」(コンサル会社社員)。階層と聞くと年功序列をイメージしがちだが、その運用は極めて実力主義的な形になっている。

さらに、近年の人材獲得競争によって、他社のシニアマネジャーを1つ上のランクに当たるディレクターとして引き抜くといった「階層またぎ」の採用も増えている。

それを利用して転職を繰り返し、階層と年収を上げていく人も後を絶たない。2社、3社は当たり前。ビッグ4すべてを渡り歩き、「グランドスラム達成です」(コンサル会社幹部)と語る人も少なくない。

脱落者も多い

もちろん、実力主義の中で、全員が順風満帆に出世できるわけではない。当然、競争についていけずに会社を去る人も出てくる。

入社後3年目のコンサル会社社員は「すでに同期の半分近くが辞めてしまった」と語る。原因として多かったのは、やはり「昇格できそうになかったこと」（同）だという。

もちろん、昇格できなかったとしても、クビを切られるわけではない。むしろ近年は「業務内容やワーク・ライフ・バランスの点から、昇格せずに同じ階層にとどまる選択肢も出てきている」（別のコンサル会社社員）という声も多い。

それでも辞めていくのは、「一度実力不足と認定されてしまうと、会社に残り続けるのは難しい」（3年目の社員）からだ。

一般的な年齢で昇格できていないと、「上司から不安に思われ、なかなかプロジェクトに参加できない」（同）状態に陥る。給料はもらっているものの、業務はなく、宙ぶらりんの状態が続いてしまうわけだ。

そうした人たちは「空いた時間を活用して、転職活動を進めることができる」（コンサル会社社員）という。昇格できなかった人が転職に向かいやすいサイクルも出来上がっているのだ。

社内でも転職は当たり前のこととして受け入れられているが、順調にステップアップしている人からは、「昇格できなかったくせに、他社に移って上の階層の仕事なんてできるわけがない。転職なんてやめたほうがいいのに」（中堅社員）と冷ややかな声も聞こえる。他業種よりも恵まれているように見えるコンサル業界だが、その裏にはこうした厳しい実力主義がある。


（藤原宏成）

コンサルタント残酷物語

高収入でハイスペック――。恵まれた生活を送っていると思われがちなコンサルタントだが、どうやらそうでもなさそうだ。その実態を聞いてみた。

基本的にコンサルは激務だ。プロジェクトの歯車となって作業に当たる若手社員は、日付が変わっても、作業していることがほとんどだという。

「昼間は会議が連続するので、会議のない夜に作業するしかない」（若手社員）からだ。「土日も社内の連絡ツールにオンラインのマークが並ぶ。一度ログインしてしまったら、次々に質問が飛んでくる」（同）。まさに、息つく間もない生活だ。

近年は各社、働き方改革を進めており、残業時間は減少傾向にあるものの、「家に帰っても、資料を作ったり、下調べをしたりするので、実態は変わらない」（中堅社員）うえに、「クライアントへのプレゼンテーションを控えた週は絶対に眠れない」（同）のも変わっていないという。

さらに、近年の人手不足が激務に拍車をかけている。プロジェクトを管理する立場にあるベテラン社員は「とにかく人が足りていない。辞めていった人の補充がないからだ。結果、プロジェクトは遅延するし、1人当たりのタスクもどんどん増えていく」と嘆く。

DX対応でコンサル業務の経験がないIT人材を次々に採用しているが、彼らにコンサル的な能力は乏しい。「プレゼン資料を作成させると、フォントもそろっていないような資料が出てくる」（前出の中堅社員）こともある。

そのままの状態で顧客に見せるなどもってのほか。結局、「資料の手直しだけで一日が終わっていく。無駄な作業が日に日に増えていく」と中堅社員は嘆く。

コンサルは、クライアントに常駐するのが一般的だが、プロジェクトが打ち切られるリスクもあるため、転勤ではなく通いになるケースが多い。

「現在は関西に通っている。毎週月曜の朝6時に新幹線に乗って向かい、金曜の

23時に東京に帰ってくる」（前出の若手社員）という働き方も珍しくない。システム導入のプロジェクトなどは、数年かかることも少なくなく、「いつまでこんな生活を続けなければいけないのか」と若手社員は暗い表情を浮かべる。

この若手社員はコロナ禍でも同じ生活が続いているという。「クライアントが出社を求めてくれば、コンサルは断れない」からだ。

お金を使う時間がない

激務でも給料が高いではないかといったやっかみに対しては、「せっかくの高収入でも、使う時間などまったくない」と別の中堅社員は言う。

例えば、「いいマンションに住んでいても、そこで過ごす時間はほんのわずか」（同）。彼の場合、「毎日の昼ご飯で少しぜいたくするのが唯一の楽しみ」だという。

ＩＴ系のコンサル会社では、「休憩中の会話は株や不動産投資の話ばかり」（別の若手社員）だという。ただ、「忙しいために売り時を逃して、後悔しているのをよく見る」

（同）と言って笑う。

一方で、監査法人を持っているビッグ4では、「株の売買にも制限がかかってしまう」（別の中堅社員）ため、それもできない。必ずしも恵まれた生活をしているとはいえないようだ。

クライアントがコンサル会社に支払う報酬に関して違和感を覚える若手社員も少なくない。

入社1年目の新人は「われわれの月収は一般企業と同じ20万～30万円程度だが、クライアントはわれわれの仕事にその10倍近い報酬を払っている」と言う。「プロジェクトに参加するのは初めてで、まだ何のスキルもないのに」と戸惑い気味だ。「会社からは、クライアントに1年目だと悟られないよう、年齢について言うなと言われている。何だか詐欺師になった気分だ」と明かす。もちろんこの新人は「報酬に見合うよう、しっかり成果を出さなければいけない」と意気込んでいる。

一見華やかなコンサル。だが、現実は大きく違っているようだ。

（藤原宏成）

インサイダー情報も飛び交う?

OB・OG会が重宝されるワケ

東京都内の高級ホテルで開かれたパーティーには、上場企業の幹部や起業家ら約200人が詰めかけていた。参加者たちは豪華な料理には目もくれず、ひたすらビジネスについて熱く語り合っていた。

これは、コロナ禍前の2019年に戦略コンサルティング会社のOB・OGが参加した「アルムナイパーティー」のワンシーンだ。

アルムナイとは、企業の退職者ネットワークのこと。ほかの業界にも存在するが、一企業への在籍年数が平均5年以内と短いコンサル業界ではネットワークの規模が大きく、結束力も強い。コロナ禍前まで、大手だと月に1回のイベントに加え、毎年1回は高級ホテルでパーティーを開催してきた。

デロイトトーマツコンサルティング（ＤＴＣ）のＯＢは、「アルムナイはＯＢやＯＧによる助け合いのネットワークだ。会員になればイベント開催の案内や求人情報などを定期的に送ってもらえる。会社を辞めた人に対しても、さまざまなビジネス支援やキャリア形成の手助けをしてくれる、ありがたい存在だ」と語る。

だがアルムナイには、純粋な助け合いネットワークというだけでは説明しきれない側面もある。コンサル会社自身が、ネットワークの維持や活性化に積極的に関与しているからだ。

アルムナイパーティーの参加費は１人平均８０００～１万円程度。パーティー会場を貸し切りにするには不十分で、足りない分はコンサル会社が補塡している。しかもパーティーには、現役のパートナーやマネジャーなどが参加していることも多い。

なぜそこまでするかといえば、ＯＢやＯＧたちの口から入社した企業の課題や戦略などが話題として出ることが少なくないため、次なるビジネスチャンスを狙えるからだ。

狙いはそれだけではない。ＤＴＣの担当者は「今のような採用難の時代、退職した人たちに、もう一度うちで働かないかとアルムナイを通じて誘うことができる」と語る。つまり優秀な〝出戻り社員〟を物色しているというわけだ。

ＯＢやＯＧの結束力が強いことで知られるマッキンゼーのウェブサイトにも「Welcome to the McKinsey Alumni Center」のページが設けられ、会社としてより積極的に関与してきた様子がうかがえる。

マッキンゼーは、業界の中でも退職後に各界のトップで活躍する人間が多い。そのため同社にとってアルムナイのネットワークは宝の山なのだ。

こうした動きは各社に波及しており、ＫＰＭＧコンサルティングも、２１年７月に社内にアルムナイ事務局を設置する方針だ。理由の１つはやはり再雇用だ。さらに、「さまざまな領域で活躍している卒業生（退職者）との情報交換を通し、ビジネスパートナーシップなど新たなコラボレーションも図っていきたい」と担当者は語る。

会社の資金拠出に疑問も

ただ、そんなアルムナイのあり方に疑問の声もある。

大手コンサル会社の幹部は、「上場企業の経営者らが集まるアルムナイパーティーではインサイダー情報が飛び交っている。メリットがあるからといって、そういう場に会社が資金を拠出しているのは問題ではないか」と指摘する。

光と影の両面を抱えるアルムナイ。だが、コンサル会社のビジネス意欲は旺盛で、今後、広がることはあってもなくなることはなさそうだ。

（野中大樹）

退職者、早期退職者も選択肢に

「顧問」が稼げる仕事に進化している

上場企業2社で役員を務め、62歳で現役を退いた男性は、暇を持て余していた。

「現役時代は寸暇を惜しんで働いてきただけに、引退してからはやることがなく、心にぽっかりと穴が開いてしまったようだ」

そんな折、インターネットである広告を目にする。

「あなたの力をお貸しください」

そう書かれた広告は、顧問派遣会社のもの。企業の役員やスペシャリストなど、現役時代に活躍していた人たちを、企業に「顧問」として派遣するサービスを提供している会社だ。

「これまでの経験が生かせるなら」と男性は登録。するとすぐさま折り返しの連絡が来て、これまでのキャリアはもちろん、人脈や培ってきたノウハウについて詳しくヒアリングされた。面接から1週間後、複数の派遣先候補企業が提示されたという。

顧問といえば、社長や会長職を終えた人が就く「名誉職」のイメージが強い。だがこの10年で、経験や専門知識に基づき企業に助言を行う、「ブレーン」のような存在へと変化してきている。そういう意味ではコンサルタントと近いが、会社の名刺を持ち、内部の人間としてより深く関与するのが顧問だ。

数社と面談した結果、この男性は中堅メーカーの顧問に就任。これまでいた業界と近く、経験を基にさまざまなアドバイスができると考えたからだ。出社は月2回、報酬は20万円という待遇だ。

「社長とお茶を飲みながら悩みを聞き、解決策をアドバイスするのが基本だが、家から出て会社に向かうだけで元気になれる。俺もまだまだやれるんだという気になるんだよ」と男性は満足げだ。

複数社兼任が主流に

こうした顧問が今、さらに形を変えている。1社専属ではなく、複数社の顧問を兼任する「プロフェッショナル顧問」が急増しているのだ。

自らも約30社の顧問を兼任、顧問の社会的地位向上と発展を目指すプロフェッショナル顧問協会の齋藤利勝代表理事は、「顧問が単なる顔役ではなく、企業が抱える課題解決のエキスパートになったことで、プロとしての顧問が生まれた。そのため顧問を兼任する人も増えている」と指摘する。

それに伴って人材派遣会社が参入し始め、顧問を派遣する市場が生まれた。

顧問派遣の仕組みは人材派遣と同じで、希望者が顧問派遣会社に登録した後、企業とマッチングされて派遣されるというものだ。契約形態は「業務委託契約」が基本だ。

こうした市場が生まれたことで、定年退職者だけでなく、早期退職者や若くして独立した人も、続々と登録するようになったという。

「企業で一定のキャリアを積んで独立した後、顧問という仕事が選択肢の1つになってきた。最近では30～40代のプロ顧問も増えている」（齋藤氏）という。

顧問派遣サービスを展開している主な派遣会社だ。幅広い登録者を抱える会社から、若い登録者中心の会社まで。中には、海外進出に関わる顧問をメインとする会社もあり百花繚乱だ。こうした派遣会社に登録している顧問はざっと11万人に上り、各社140〜180%成長だという。

■人材派遣会社が続々参入
―主な顧問派遣サービス―

サービス名 ［運営会社］	特徴
プロフェッショナル人材バンク ［エスプール］	東証1部上場企業が運営。40～60代が多い。登録者は実務のスペシャリストから元役員層まで幅広い
マイナビ顧問 ［マイナビ］	成長フェーズに合わせたオーダーメイドの派遣提案が売り。高キャリアのプロが多数登録
パソナ顧問ネットワーク ［パソナJOB HUB］	IT系の元トップから大手上場企業の元役員まで、幅広いプロフェッショナルが登録
プロシェアリング ［サーキュレーション］	紹介前にカウンセリングを実施。登録者は30～40代が半数を占め地方専任やシステム関連特化チームも
顧問名鑑 ［レイス］	顧問に期待する人脈をあらかじめ指定できるほか、担当者が企業、顧問にヒアリングしてフォローも
グローバル顧問 ［サイエスト］	海外事業への助言をメインとする人材が8割以上。海外企業の日本進出も手がける

（注）取材を基に東洋経済作成

ただ、このうちプロ顧問として稼働しているのは「5%程度」(同)。「登録して紹介されてもマッチングに失敗したり、就任しても企業とうまくいかなかったりして幽霊会員になってしまう人が少なくない」(同)からだ。

その理由として、「登録者と企業の認識に乖離のあることが多い」と齋藤氏は指摘する。

ほとんどの企業が顧問に期待するのは、販路を拡大するための人脈だ。しかし顧問側は、長年にわたり培ってきた大事な人脈を営業だけのために、やすやすと提供したくはない。そこに齟齬が生じて、破談になるケースが少なくないというわけだ。

しかし最近は、人脈以外のニーズも増えてきた。「一時的なソリューション提供ではなく、企業側も有形無形の資産を求め始めており、プロ顧問が求められるケースは増えている」と齋藤氏は語る。

月に15万円が目安

では、実際の顧問の働き方はどのようなものなのか。IT企業出身の50代の男性は、現在、10社余りの顧問を務めている。

1社当たり月に1～2回、2時間程度出社し、多い日には3社以上回るという。社長との面談のみならず、現場の社員たちと一緒にプロジェクトを進め、アドバイスすることもあるという。

そのため、「こんがらがらないようにするのが大変。予習や復習は必須で、会社員時代よりも働いている」と男性は明かす。

その結果、会社員時代には900万円くらいだった年収が、今では2倍以上になっているという。「組織に縛られず自由に働けるのも、自分には適している」と語る。

しかし注意も必要だ。複数の派遣サービスを利用している別の顧問は、「派遣会社とは業務委託契約を結び派遣されるので、企業が支払う給与の一部は持っていかれる。その割合は派遣会社によってバラバラ。事前にきちんと調べておかないと、思ったほどもらえないということも起こりうる」と語る。

「以前は、8対2や7対3でほとんど派遣会社が持っていくというケースも少なくなかったが、競争が起きたことによって最近は6対4や5対5くらいまで改善されてきた。中小企業であれば、月に2回程度で月の手取りは10万~15万円が目安だ」と派遣会社の幹部は解説する。

もちろん顧問としてのキャリアを磨けば、派遣会社を通さず企業と直接契約をすることも可能だ。そうすれば「ピンハネ」されることなくすべて手に入れることができ、収入はさらに大きくなる。

顧問に向いている人について派遣会社に話を聞くと、共通するのは「過去の栄光やキャリアにしがみつかない人」だ。

「どれだけ経験や人脈がすばらしくても、過去の栄光をひけらかし『自分はすごいんだぞ』という姿勢で臨むと、受け入れる企業側の気持ちは離れていってしまう」(派遣会社幹部)からだ。

さらに、「技術はもちろんのこと、企業経営も日進月歩で発展しており、経験は過去のものとなり『浦島太郎』になっているかもしれない。日々新たな情報を仕入れながら研鑽し、社員たちと同じ視点に立って一緒に働くんだという謙虚な姿勢が重要」だと齋藤氏は訴える。

コロナ禍に伴ってリストラの嵐が吹き荒れており、大手企業でも大規模に早期退職者を募っている。定年退職した人だけでなく、そうした人たちも新たな働き方として「顧問」を選択肢の1つに入れてはどうだろうか。

（田島靖久）

コンサルの賢い選び方・使い方

2020年、都内に本社を構える中堅企業の社長は、プレゼンテーションソフトの資料を眺めながら周囲につぶやいた。

「横文字で難しいことばかり言われても、正直、何を言っているのやら。もちろん、わかったふりをしていたけどね。それにしても、こんなに高い費用がかかるもんかねぇ」

この企業は、2019年にコンサルティング会社へ全社的なデジタル改革のコンサルを依頼した。コロナ禍に見舞われる前から市場の縮小傾向が顕著で、デジタル改革に乗り出さなければ生き残りは難しいと判断したからだ。

社長や社員に対するヒアリングはもちろんのこと、市場調査なども実施。3カ月かけて出てきた提案書は、グラフや図解が満載ですばらしく見えたが、アルファベットの略語であふれ、何とも理解しづらいものだったのだ。

コンサルタントには「すばらしい提案をありがとう」と謝辞こそ述べたものの、何度聞いても専門用語ばかりでよく理解できない。しかも新たなサービスを展開するためには、業務と組織の根本的な変更が必要だという。

となれば、これまで自らが築き上げてきたものを破壊しなければならない。よく理解できないものに、そこまでする必要はないのではないか。とはいえ、支払った報酬は3000万円と、決して小さな額ではなかった。そこで社長は、とりあえずプロジェクトチームをつくって人員だけは配置した。

結果は明らかだった。当初こそ、斬新なアイデアに社内でも期待が高まったが、「これはできない」「それは無理」のオンパレード。最終的には、これまでの延長線上のサービスを徐々に始めるというものにとどまり、社員たちを落胆させた。

創立以来、初めてコンサルに依頼したビッグプロジェクト。その失敗によって、社長に対する風当たりが強まり始める。すると社長は、「あんなに金を払ったのに、あいつら大した提案をしてこないんだよ。ほんと使えないなぁ」と公言。コンサルに責任転嫁する始末だった。

確かに、コンサルによってはつたない提案しか出してこないケースもある。だが、せっかくの提案を実行に移すことができない企業も少なくない。中でも多いのは、経営陣がプロパー中心で、今のままのほうが居心地がいいため、本気で変革しようとはしない「ゆでガエル」のような企業だ。

とはいえ、昨今の環境変化は目まぐるしく、生き残るための時間的な猶予は長くない。そうしたときに本気で改革しようとすれば〝外圧〟に頼るのがいちばん効率的で、社内にしがらみのないコンサルの出番なのだ。

確かに、一部には報酬が不透明であったり、満足のいかないサービスであったりといったケースも少なからずある。だがそれは、使う側の企業がしっかりと理論武装し、賢く使えばいい話だ。そこで本誌は、賢く、そして上手に使う「6カ条」を用意した。

コンサルタントの上手な使い方「6カ条」

①「会社」ではなく「個人」で選べ

コンサルティングの質は会社ではなく個人で決まる。コンサルタントが過去にどのような実績を残しているかを調べて選ぼう。

②何でも「知っている」「できる」と豪語するコンサルにはご用心

現在のコンサルティングは、ひと昔前に比べて扱う業務が幅広い。全分野に精通したコンサルタントなどいないのだから、大口をたたくコンサルには要注意。

③やたらと「横文字」を使う、偉そうなコンサルは信用するな

横文字を多用するコンサルタントは、米国の最新経営モデルを「受け売り」しているだけの人が多い。優れたコンサルタントほど平易な言葉を使う。

④目的と相性で使い分けろ、相性がよければ長く使え

コンサルティングを受ける場合は、漠然とではなく目的を定めよう。また、一度相性がいいと感じたら長く付き合い、企業の歴史や内部事情、課題などを正確につかんでもらうと効果的だ。

⑤「コスト」ではなく「投資」と捉えよ

コンサルティングは、課題を解決して前向きに成長するために使うもの。コンサルティングフィーは投資と捉えて利用しよう。

⑥過度に頼るのは愚だが、まったく活用しないのも愚

社内だけでは解決できない課題も、コンサルタントを"外圧"として使い、化学反応を起こすことで解決することは多い。しかし丸投げしては"カモ"にされることもあり要注意。

わからなければ聞け

まず、最も陥りがちな落とし穴は、コンサル会社の名前だけですべてを信用してしまうこと。もちろん大きな会社には有能な人材が集まり、さまざまなツールも用意されているため、一定水準の提案はなされる。

だが、その企業にとって本当にマッチした提案がなされるかは、コンサル個人によるところが大きい。そういう意味で、面談に現れたコンサルに過去の実績を聞いてみ

るといい。

現れたコンサルが「何でもできますよ、私に任せてください」なんて大口をたたき始めたら要注意だ。昨今は取り扱う業務が幅広く、すべての分野に精通したコンサルなどいないからだ。

やたらと横文字や専門用語を連発するコンサルにも注意が必要。理解できなければしつこく質問しよう。報酬を支払うのは企業側なのだから遠慮することはない。そもそも本当に有能なコンサルであれば、平易な言葉でわかりやすく説明できるはずだ。

上手に使うのが早道

ここからはコンサルに依頼する際の注意点だ。

最も重要なのは、依頼する「目的」をはっきりさせること。漠然とした依頼では、経営課題の解決とは程遠い提案がなされることも少なくない。どんな課題をどう解決したいのか、依頼時点で明確なゴールを示そう。

この時点で、気になる費用面についてもはっきりさせておいたほうがいい。何人のコンサルがどれくらいの期間必要で、合計いくらになりそうなのかを聞き、不安を払拭しておくのも大事なことだ。

ここでよく間違えるのが、コンサルに対する認識だ。というのも、コンサルに依頼することを「コスト」として捉えている企業経営者が意外に多いからだ。本来、経営課題を解決し、企業を発展させるためなのだから「投資」と捉えるべきである。だから、とにかく安ければいいというわけではなく、課題解決に向けて適正な水準であることが重要だ。

そして最後に、「過度に頼るのは愚だが、まったく活用しないのも愚」であることを覚えておいてほしい。自社に知見やノウハウ、そして人材がない場合には、積極的にコンサルを活用すべきだ。そうすることが早道だからだ。

また、冒頭で紹介した企業のようにゆでガエルのごとき状況であれば、〝外圧〟として利用することも得策だ。

もちろん、丸投げしたり、任せっきりにしたりすると〝カモ〟にされ、不当に高い報酬を請求されることもあるから気をつけよう。

これまで見てきたように、今、どの企業もＤＸをはじめとするさまざまな経営課題を突き付けられ、早急に対応する必要に迫られている。そうした時代に、世界的な最先端の知見とノウハウ、そして人材を保有するコンサル会社は必要不可欠な存在だ。

だからこそ賢く選び、企業を成長させるという目的のために上手に活用していくことが重要だといえる。

（田島靖久）

「戦略コンサルだけでは課題を解決できない」

アクセンチュア　日本法人社長・江川昌史

――社員数が6年で3倍に増え、1万6000人を超えます。なぜ急激に増やしているのですか。

社長に就いた6年前にＡＩやＩｏＴの活用、顧客接点のデジタル化などのデジタルトランスフォーメーション（ＤＸ）が注目され始めた。当時日本のＩＴ市場でデジタルが占める割合は約1％。それが半分以上になると見越した。

既存のＩＴではインドなどにおけるオフショア開発が主流だったが、デジタルの仕事はスピードが重要。そのため日本に仕組みづくりから設計、開発に至るまで、新たに30種類の職種が必要になった。ＤＸの分野では売上高でも人材の豊富さでもトップに立ちたいと考え、増やしている。

最後まで責任を持つ

――戦略コンサルティング、システム開発、顧客体験の設計、アウトソーシングと、上流から下流まで手がけていますが、業界内では「広げすぎでは」との声もあります。

その人たちはクライアントが求めていることを理解していない。われわれの仕事は経営者の悩みを解決すること。戦略コンサルタントだけでも3000人を抱えるが、それだけでは経営者の悩みの半分にも応えられない。戦略以外の案件が山ほどあるからだ。

戦略コンサルに指摘されることは顧客もわかっている。ただ事業会社にはそれを実行できる人材が少ない。コンサルが描いた絵が80点でも、その成果が10点では意味がない。経営者が望むことを最後まで責任を持って実現できなければ、取引を続けてくれなくなる。

――「責任を持つ」とはどういうことですか。

社内に人材を抱えるということだ。案件の実行は９０％が自前だ。コンサルだけをやって、残りをＩＴベンダーに外注しても、最初の戦略の趣旨に合ったものができ上がる可能性は極めて低い。これはやってみないとわからない。

――自前でやればそれだけ儲かるという戦略ではありませんか。

利益率が最も高いのは戦略コンサルだ。デジタル分野はすぐに儲かるわけじゃない。従来数百億円かかっていたシステム開発は、デジタルの技術を使えば数億円で済む。その分コンサルの実入りは減る。だがこの市場が伸びるのは明らかで、いち早く進出しようとしたにすぎない。無理やりたくさんの人員を押し込むわけでもない。大半の企業はコンサルの相場をわかっている。彼らのデジタル人材採用を手伝うことだってある。

――どこまで規模の拡大を続けるつもりなのでしょう。

顧客のニーズがあるうちは続ける。景気にも左右されるが、好景気のときは戦略コンサルやシステム開発が売れ、不況下ではアウトソーシングの仕事が増える。人材の採用戦略は市場で求められるスキルを予測しながら、私を含め経営陣数人で決める。事業会社が用意できない人材を提供するのがわれわれの仕事だ。最近では動画制作やデザインの仕事も増えており、自分の足で美術大学を回り応募を呼びかけたりもしている。

（聞き手・中川雅博）

江川昌史（えがわ・あつし）
1989年慶応大学商学部卒業、アクセンチュア入社。2015年9月から現職。20年から米本社の経営委員会に参画。

INTERVIEW

「世界中の生きのいい最先端手法を提案する」

ボストン コンサルティング グループ（BCG）日本共同代表・内田有希昌

―― 戦略コンサルティング会社でありながら、最近はデジタル分野にも注力しています。

デジタルには数年前から取り組んでいる。なぜかというと、企業の経営陣が抱える悩みの4割くらいはデジタルが関わってしまうからだ。われわれは経営陣の根本的な課題解決を手伝うことが多いので、必然的にデジタルのレベルを上げていかなければならない。

片手間でできるものではないので、デジタルBCGという組織をつくり、専門人材を集めている。

――デジタル関連業務といっても範囲は広いですが、どこまでをカバーする方針ですか。

開発までやるには大所帯を抱えなければいけないが、少数精鋭の組織なので、デジタル化の方向性を定めたり、プロトタイプを作ったりするところまでだ。保守や運用はＩＴベンダーにやってもらったほうがいい。

開発部隊がいないことで、中立の立場から最適な提案ができる。「そんな大がかりなシステム要らないですよね」とか、「より得意なのはこの人たちですよ」などクライアントの側に立って言える。

企業のホームドクターに

――競争が激化する中での強みは何ですか。

いちばん生きのいい、最先端の方法を提案できることだ。例えば、足元は未来が読みにくくなっている。こういう環境ではシナリオ分析の手法が有効だ。これまでは予測は1つでよかったが、今は3つ、4つ、5つのシナリオを想定していなければならない。

こうした手法は日々進化していくもの。われわれは、世界中の先進事例を知っているし、幅広い業種のさまざまな企業に関する事例についても情報が入ってくる。そうした情報を基に最先端かつ最善のシナリオを策定し、提案できる。

東京がボストンの次にできた拠点ということもあり、全社の中での日本の位置づけも高い。力の入れ方が他社とは違う。

――日本のコンサル市場はまだまだ伸びるということですか。

成長途上なのは確かだ。市場が10倍くらいになって初めて、GDP比でアメリカと同じくらいになったといえる。日本企業もコンサルを使うようになってきたが、まだ限定的だ。自分で解決しなければいけないという意識がある。

ただ、BCGは自らの収益だけを狙っているわけではない。儲けるために、事業改革などの〝イベント〟を狙って人を送り込むようなビジネスを展開しているところもあるが、そうしたことはしない。

目指しているのは、クライアントのホームドクターだ。コンサル会社に丸投げで、クライアント企業の従業員が何も考えなくなるのでは意味がない。互いに成長することを目指す。伴走し、長く付き合っていくモデルだ。

――人材争奪戦も過熱しています。

人材は足りない。われわれは少数精鋭で一人ひとりを丁寧に育てるので、成長スピードも遅い。1年で2割増が限界だと思う。このスピードの中で頑張るしかない。

（聞き手・藤原宏成）

内田有希昌（うちだ・ゆきまさ）

三和銀行を経て1998年にボストン コンサルティング グループに入社。2020年から現職。

INTERVIEW

「デジタルとデータを活用し新しいスタイル確立へ」

デロイト トーマツ コンサルティング社長・佐瀬真人

クライアントは今、最上流の戦略立案からオペレーションの工程描写、それをITに落とし込むまでの「エンド・トゥー・エンド」の改革を求めている。これをグローバルに展開できるのはアクセンチュアとボストンコンサルティンググぐらい。弊社が大きな案件を取りに行こうとする際、大抵競合するのはこの2社だ。とくにアクセンチュアの実装力は高い。

ただうちも負けていない。2019年、システムの導入支援から保守運用までカバーできる会社を買収し、実装力を高めている。

さらに今、デジタル技術とデータを活用したコンサルティングスタイルへ変わろうとしている。数年前から「Ｎａｐｉｅｒ（ネイピア）」というＡＩツールへの投資を始めた。Ｍ＆Ａや新規事業の提案力を高めるものだ。

一昔前は、Ｍ＆Ａや新規事業を計画しているクライアント向けに、戦略コンサルタントが情報収集・分析をし、一定の見通しや仮説を出してきた。ネイピアはＡＩのアルゴリズムで、ウェブ上から特許情報を含むあらゆる基礎情報を収集できる。

ある企業が自然エネルギー分野で進出したい地域があるとすると、ネイピアに条件を入れればＭ＆Ａのターゲットになりうる企業候補リストが出てくる。人間がやるのは、ネイピアが出した仮説の中でどれが最も精度が高いか検証することのみだ。

現在は売上高の５％近くを研究開発に回している。コンサル会社がテクノロジーを使った新しいサービスを開発する時代になっている。

（構成・野中大樹）

佐瀬真人（させ・まさと）
１９７６年生まれ。２０００年、デロイト トーマツ コンサルティング入社。自動車部門リーダーを経て１９年６月から現職。

「体験型で最速の方法を提案する」

PwCコンサルティング　代表執行役CEO・大竹伸明

新型コロナ禍以降、クライアントは変化にいち早く対応する〝スピード〟を求めている。これまでは全社的なDXの案件が多かったが、販売予測、納期など優先順位がつき、各社固有のDXに変わってきた。

PwCは、クライアントがやったほうが早いところと、われわれがやったほうが早いところを分け、最も早い方法を提案する。机上の説明だけではなく、ロボットや生産ラインの模型を見せ、実際に提案内容を体験してもらうなど、クライアントが早く意思決定できるようアプローチも工夫している。

20～30年前のシステム開発のように、コンサル会社やベンダーが1社で全作業を引き受けるべきではない。クライアントの社員が何もわからないのでは、DXとはいえないからだ。だから、クライアントとコンサル会社とで作業領域を分けているのだ。

例えば、IT企業のサービスを活用すれば、高度な専門知識がなくても顧客データの簡単な分析くらいできる。コンサルタントが何百万円という報酬をもらってやる仕事ではない。やり方を教えて助言をする。「まずやってみてください。おかしかったら言いますから」と。

上流から下流まですべて引き受けますという会社もあるが、コンサル会社も多忙な中で、ワンストップで多くの依頼を受けることはできないはずだ。

人はものすごく採用しているが、需要に追いつかない。海外人員を活用したり、AIで代替したりしていく。ここが戦略の幹だ。

（構成・藤原宏成）

大竹伸明（おおたけ・のぶあき）

1967年生まれ。91年プライスウォーターハウスコンサルティング。IT企業を経て2014年PwCに入社。20年7月から現職。

INTERVIEW

「あえて激戦分野に挑み能力を高める」

EYストラテジー・アンド・コンサルティング社長・近藤　聡

DXに対するクライアントの本気度が増している。われわれは、それに対して上流から下流までをカバーする。ピュアな戦略ファームでもシンクタンクでもない、政府案件から個別企業まで幅広く対応できるコンサルであることが特徴だ。

ただ、規模的にほかのビッグ4と比べて小さく、フルスケールのプロジェクトを何本もやる体力はまだない。対応できるクライアント数は限られてくる。

また今は、あまり強みがない。デロイトにいたときコンペで競合したことがなかったくらいだ。そこで、あえてレッドオーシャンに行こうとしている。すでにコンサルが多く入っている業種を強化し、自信や能力を高めていく。自動車や公的機関、ライフサイエンスの分野では、競争できるようになってきた。

現在人員は２０００人を超えたくらい。増員のスピードはいちばんアグレッシブだろう。ただ、他社のようにテクノロジー人材を集めているわけではない。ＩＴ分野の人材は他社のほうが多く、そこに入ってもいずれ価格勝負になってしまうからだ。

戦略系とＩＴ系では、案件の大きさも違い、稼ぐのはＩＴ系。となると戦略の有能な人材は会社にいづらくなるが、それでは文化が変わってしまう。だから、戦略や業務改革が収益の半分以上を占めるようにしていく。

並行して、ＥＹジャパンの中で、コンサルなど非監査の収入割合を５０％に高める「プロジェクト・ドラゴン」を進めている。２０２３年度末がメドだが、順調な進捗だ。

（構成・藤原宏成）

近藤　聡（こんどう・あきら）
１９６３年生まれ。デロイト トーマツ コンサルティング社長を経て２０１９年１月にＥＹジャパン入社。２０年１０月から現職。

「売り上げや規模をいたずらに追わない」

KPMGコンサルティング社長兼CEO・宮原正弘

提供しているサービスには、経営のコンサルという「攻め」とリスクコンサルという「守り」の2つがある。今は守りの部分が重視されている局面だ。大規模な災害やコロナ禍のような事態が起きたときに、いかにオペレーションを止めずに活動を続けていくかはクライアントにとって重要だ。

リスク対応部隊を監査法人側に置く会社もあるが、KPMGはどちらも同じ会社の中に持っていて、強固に連携している。

目指すのは変革のドライバーになること。ただ、すべての機能を提供するのではない。餅は餅屋で、開発などは外部にお願いしている。われわれは自治体、大学、大企業などを巻き込んで、変革をリードするハブになることを目指しているのだ。

売り上げや人数規模はいたずらに追わない。売りやすいものを売ったり、過剰な提案をしたりすることはクライアントのためにならないからだ。ほかのコンサルはみな米国が中心だが、KPMGの本部は欧州にある。日本に対するリスペクトもあり、日本企業のニーズに適した形でじっくりコンサルティングができると考える。

発足してまだ7年目で、さまざまなバックグラウンドの人が急ごしらえで集まった組織だ。そのため個人の実績よりも、みんなで連携してクライアントの成長を目指す文化づくりを徹底してきた。コンサル各社が提供するサービスはそんなに変わらない。だからこそ、長期的には培った文化が差になると考えている。

（構成・藤原宏成）

宮原正弘（みやはら・まさひろ）
1967年生まれ。91年朝日新和会計社（現あずさ監査法人）入所。アドバイザリー企画部長などを経て、2017年7月から現職。

【週刊東洋経済】

本書は、東洋経済新報社『週刊東洋経済』2021年5月15日号より抜粋、加筆修正のうえ制作しています。この記事が完全収録された底本をはじめ、雑誌バックナンバーは小社ホームページからもお求めいただけます。

小社では、『週刊東洋経済eビジネス新書』シリーズをはじめ、このほかにも多数の電子書籍ラインナップをそろえております。ぜひストアにて「東洋経済」で検索してみてください。

『週刊東洋経済eビジネス新書』シリーズ

No.354　脱炭素　待ったなし
No.355　独習　教養をみがく
No.356　鉄道・航空の惨状
No.357　がん治療の正解
No.358　事業承継　M&A

No.373　日立・三菱重工の岐路
No.374　脱炭素サバイバル
No.375　郵政崩壊
No.376　脱・ストレスの処方箋
No.377　働き方と経営の法律
No.378　コロナ倒産危機
No.379　車載半導体　争奪戦
No.380　マルクス　vs．ケインズ
No.381　医療テック最前線
No.382　漂流する東芝
No.383　不動産投資　光と影

週刊東洋経済eビジネス新書　No.384
コンサル全解明

【本誌（底本）】
編集局　中川雅博、藤原宏成、野中大樹、田島靖久
デザイン　熊谷直美、杉山未記、伊藤佳奈
進行管理　下村　恵
発行日　2021年5月15日

【電子版】
編集制作　塚田由紀夫、長谷川　隆
デザイン　市川和代
制作協力　丸井工文社
発行日　2022年2月10日　Ver.1

発行所　〒103-8345
東京都中央区日本橋本石町1-2-1
東洋経済新報社
電話　東洋経済コールセンター
03(6386)1040
https://toyokeizai.net/
発行人　駒橋憲一

本書に掲載している記事、写真、図表、データ等は、著作権法や不正競争防止法をはじめとする各種法律で保護されています。当社の許諾を得ることなく、本誌の全部または一部を、複製、翻案、公衆送信する等の利用はできません。

もしこれらに違反した場合、たとえそれが軽微な利用であったとしても、当社の利益を不当に害する行為として損害賠償その他の法的措置を講ずることがありますのでご注意ください。本誌の利用をご希望の場合は、事前に当社（TEL：03−6386−1040もしくは当社ホームページの「転載申請入力フォーム」）までお問い合わせください。

※本刊行物は、電子書籍版に基づいてプリントオンデマンド版として作成されたものです。